W0416353

En finir avec les idées fausses sur les pauvres et la pauvreté

www.editionsatelier.com
www.twitter.com/ateliereditions - www.facebook.com/editionsatelier

© Les Éditions de l'Atelier
ISBN : 978-2-7082-4229-6

© Éditions Quart Monde
ISBN : 979-10-91178-09-9
www.editionsquartmonde.org

Paris, 2013
Imprimé en France

En finir avec les idées fausses sur les pauvres et la pauvreté

LES EDITIONS DE L'ATELIER

EDITIONS QUART MONDE

ATD Quart Monde

ATD Quart Monde est un mouvement international, sans appartenance politique ni confessionnelle. Créé en 1957 par Joseph Wresinski avec les habitants d'un bidonville de la région parisienne, il mène des actions qui visent à détruire la misère par l'accès de tous aux droits fondamentaux. Il développe particulièrement des actions d'accès au savoir, à la culture, à la prise de parole (Bibliothèques de rue, Festivals des arts et des savoirs, Universités populaires Quart Monde...). Il se mobilise afin qu'aux plans local, national et international, les personnes démunies soient écoutées et représentées, et que la lutte contre la grande pauvreté soit une priorité (actions auprès des institutions politiques, des professionnels et du grand public).

Branche éditoriale du mouvement ATD Quart Monde, les éditions Quart Monde ont un triple objectif :
- témoigner de la vie et de la pensée des personnes très pauvres en leur donnant la parole le plus directement possible,
- contribuer à changer les mentalités,
- permettre de réfléchir et d'agir, à partir des actions de fond menées par ATD Quart Monde
- www.editionsquartmonde.org
editions@atd-quartmonde.org

Pour en savoir plus :
- ATD Quart Monde France www.atd-quartmonde.fr
- ATD Quart Monde international www.atd-quartmonde.org

Remerciements

Nous remercions les partenaires qui ont rendu possible l'édition de cet ouvrage :

Ainsi que les organismes qui ont soutenu ce projet :

Advocacy France, AFEV, AGSAS, Cahiers pédagogiques, CNAPE, Collectif Pouvoir d'agir, FNAREN, Entraide protestante, Habitat et Humanisme, MRAP, MRIE, MRJC, UNAFAM, UNAPP.

Enfin, toute notre gratitude va aux militants internautes qui ont cofinancé ce livre. Les noms des premiers d'entre eux figurent en couverture.

Merci à Chantal Blanc, Marion Blank, Maryvonne Caillaux, Emmanuel Consolini, Geneviève De Coster, Typhaine Cornacchiari, Véronique Davienne, Lucien Duquesne, Daniel Fayard, Marie-Aleth Grard, Michèle Grenot, Jean-Yves Guéranger, Bénédicte Jacquey-Vazquez, Bruno Lachnitt, Hervé Lefeuvre, Bert Luyts, Anne de Margerie, Mégane Maury, Émeline Melion, Pascal Percq, Josette Piccioli, Céline Pontais, Denis Prost, Hélène Rozet, Grégoire Sitter, Bernard Stéphan, Sreng Truong, Patrick Valentin.

« Les "idées reçues" véhiculent bien des préjugés, sèment l'incompréhension et attisent le rejet. Les combattre est une obligation citoyenne, d'autant que ce sont les plus pauvres qui en sont les principales victimes. Ceux-là vivraient au crochet de l'aide sociale, comme le ressassent les discours sur la fraude sociale ! Tout montre à l'inverse combien cette image est fausse et dangereuse. »

Philippe Warin, chercheur,
responsable scientifique de l'ODENORE

« Depuis plusieurs années, à mesure de l'impuissance croissante du politique à résoudre la question sociale, le vocabulaire utilisé pour parler de pauvreté a délaissé le registre de l'exclusion pour celui de la précarité, de la vulnérabilité, déplaçant progressivement le curseur de la responsabilité sociétale vers celle des individus. Dans le même temps, le regard porté sur les pauvres s'est durci, les discours sont devenus stigmatisants. On peut voir un lien entre ces deux constats. Combattre les idées reçues, c'est restaurer la dignité de celles et ceux qui subissent d'abord une injustice. »

Bruno LACHNITT, directeur de la MRIE
(Mission régionale d'information
sur l'exclusion en Rhône-Alpes)

« Le mensonge est souvent plus plausible, plus tentant pour la raison que la réalité, car le mensonge possède le grand avantage de savoir d'avance ce que le public souhaite entendre ou s'attend à entendre. Sa version a été préparée à l'intention du public, en s'attachant tout particulièrement à la crédibilité, tandis que la réalité a cette habitude déconcertante de nous mettre en présence de l'inattendu. »

Du mensonge à la violence, Hannah Arendt

« Les riches ont tiré sur les pauvres un rideau sur lequel ils ont peint des monstres. »

Charles Booth,
1889

Sommaire

Préface

par Dominique Baudis*

Savoir vraiment regarder, observer pour expliquer. Voilà à quoi nous invite cet ouvrage. Son titre n'est pas anodin. Il évoque à la fois des hommes, des femmes, leurs parcours de vie, les pauvres et la pauvreté.

Représentations stigmatisantes, réduction des personnes à leur détresse matérielle, sans analyse des mécanismes par lesquels se crée ou se perpétue la pauvreté, mise en cause des victimes, considérées comme responsables de leurs maux : serions-nous revenus à l'ère des « classes miséreuses, classes dangereuses » ?...

En déconstruisant de telles idées reçues, cet ouvrage aide à poser sur l'Autre un regard plus attentif et plus juste.

Pour le Défenseur des droits, il est indispensable d'alerter ainsi sur l'impact des représentations dévalorisantes de populations déjà fragiles, notamment en termes de reproduction des inégalités et de perpétuation de la précarité. De fait, elles conduisent trop souvent à des discriminations, à des refus d'accès à des droits essentiels : éducation, emploi, santé, logement...

---

* Défenseur des droits.

Dans les différentes plateformes de dialogue avec les organisations de la société civile qu'a mises en place le Défenseur des droits (notamment le comité sur l'égalité entre les femmes et les hommes, le comité d'entente sur la santé, le comité d'entente sur la protection de l'enfance, le comité d'entente sur le handicap...), la question de l'exclusion et des publics particulièrement vulnérables fait l'objet d'une attention particulière.

Les réflexions menées dans ce cadre ont ainsi abouti, dans le domaine de la santé par exemple, à engager un travail collectif sur la question des refus de soins auxquels sont particulièrement exposées certaines personnes, notamment les bénéficiaires de la CMU.

Changer les représentations, changer les pratiques et s'assurer que les politiques publiques comme l'ensemble de la société saisissent pleinement les besoins des personnes précaires et, loin de tout assistanat, les accompagnent sur la voie d'une pleine participation sociale et économique : les enjeux sont immenses. Ils sont essentiels et, parce qu'ils traduisent la capacité de nos sociétés à être humaines, relèvent d'une exigence à la fois démocratique et morale.

Toute personne est un sujet de droit. Défendre en toutes circonstances l'accès aux droits participe de cette perpétuelle conquête de la citoyenneté.

Avant-propos

Les choses ne sont pas aussi simples

par Marie-France Zimmer *

Ce livre est un outil de formation qui invite à dépasser des idées simplistes sur les personnes en situation de pauvreté, idées souvent très répandues et stigmatisantes.

Ce travail a commencé au printemps 2012, pendant la campagne des élections présidentielle et législatives en France. Le mouvement ATD Quart Monde avait alors élaboré des propositions politiques qui ont été présentées aux candidats et aux citoyens et qui continuent, aujourd'hui encore, de servir de guides dans nos réflexions et nos travaux [1].

En parallèle de ces propositions politiques, il nous avait paru nécessaire de répondre à des préjugés sur les pauvres qui se sont mis à circuler davantage pendant cette campagne électorale.

Une quarantaine d'entre eux ont été alors recensés par des membres d'ATD Quart Monde de tous milieux, dont, en particulier, des militants en situation de grande précarité. Une partie de ces préjugés a été reprise dans un dépliant imprimé en plusieurs milliers d'exemplaires.

---

* Membre de la Délégation nationale d'ATD Quart Monde.

1. Voir www.atd-quartmonde.fr/propositionspolitiques (consulté en mai 2013).

J'ai tout de suite diffusé ce dépliant dans mon entourage. J'ai l'expérience de la pauvreté. Je parle beaucoup autour de moi. Mais, jusqu'à ce dépliant, je n'avais rien pour apporter des preuves à mes propos.

Par exemple, beaucoup de gens croient que le montant du RSA est proche de celui du SMIC, que l'on peut cumuler le RSA et les allocations familiales. Beaucoup sont même persuadés qu'avec le RSA, on touche plus qu'avec le SMIC. Aujourd'hui, je peux prouver ce que je dis. Si tant de militants d'ATD Quart Monde qui connaissent ou ont connu la pauvreté se sont emparés de ce dépliant, c'est parce qu'il prouve que nous ne sommes ni des menteurs, ni des fraudeurs.

Combien de fois certains d'entre nous se sont fait traiter de fraudeurs à la suite d'une erreur de versement de la CAF ?

Les préjugés sur les pauvres sont trop répandus dans notre société. Ils touchent aussi des personnes immigrées en situation de pauvreté. Je connais des Roms qui essaient de gagner leur vie honnêtement, en achetant des roses pour les revendre dans des restaurants le soir, ou par d'autres moyens. Je connais des immigrés que la France a fait venir quand elle avait besoin d'eux. De quel droit remet-on en cause aujourd'hui leur présence ?

Pour répondre à tout ce que l'on entend sur eux et sur nous, il est très important de pouvoir se référer à des études et à des chiffres officiels. Vous n'imaginez pas combien c'est important pour nous.

Les idées reçues recensées aujourd'hui dans cet ouvrage sont nombreuses. Cela montre l'ampleur des préjugés que doivent subir les personnes confrontées à la pauvreté. Certains semblent plus anodins que d'autres, mais ils ne font pas forcément moins de dégâts dans la dignité des personnes concernées et dans l'opinion publique.

On y parle aussi de l'école, de l'éducation, des enfants. On entend souvent dire que les parents pauvres se désintéressent de l'école. Mais lorsque j'interviens dans des formations pour enseignants, j'explique souvent que beaucoup de familles s'endettent pour acheter des encyclopédies, parce que le démarcheur à domicile qui passe chez elles, leur dit : *« Cela va aider vos enfants à l'école. »*

Lorsque le gouvernement et les députés envisagent de modifier nos politiques familiales, la façon dont ils réfléchissent à cela est liée à la manière dont ils conçoivent le rôle des parents. Pour faire ce genre de choix, va-t-on au-delà des idées reçues et réfléchit-on à partir d'une meilleure compréhension des situations rencontrées par toutes les familles, y compris les familles aux plus bas revenus ?

J'ai une amie qui consacre beaucoup de temps pour aider les familles en difficulté. Elle pense que l'on ferait mieux de placer leurs enfants. Or, les choses ne sont pas aussi simples. Les parents qui ont la vie très dure tiennent par l'espérance que leurs enfants vont s'en sortir. Lorsque j'ai présenté à cette amie le dépliant luttant contre les préjugés sur les pauvres, elle a trouvé cela très violent, car, dit-elle, les gens sont obligés de penser différemment.

Pour autant, nous ne prétendons pas que les réponses que nous opposons à ces idées reçues soient complètes et définitives. Elles sont surtout une ouverture au dialogue, une contribution qui montre que les choses ne sont pas aussi simples que ce que l'on entend dire.

On ne peut juger personne à travers une idée simple, qu'il soit riche ou pauvre.

Nous vous invitons à poursuivre le débat en nous écrivant à :

ATD Quart Monde, Idées reçues,
12 rue Pasteur,
95480 Pierrelaye,
ou à ideesrecues@atd-quartmonde.org.

Introduction

Des idées héritées qui perpétuent l'exclusion sociale

par Bruno Tardieu *

« La misère n'est pas une fatalité » et *« La misère est l'œuvre des hommes, seuls les hommes peuvent la détruire »*, rappelait Joseph Wresinski, fondateur d'ATD Quart Monde. Ces deux affirmations ont un impact irréversible. En construisant une autre approche de l'exclusion sociale, il a montré que la misère n'était pas la seule affaire des plus démunis, ni de leur seule responsabilité. Elle est un dysfonctionnement entre nous, citoyens. Elle l'est aussi entre les institutions et appartenances que nous construisons et certaines personnes que nous considérons hors du monde. *« La misère, c'est ne compter pour personne. »*

Le rejet des plus démunis est probablement aussi ancien que l'humanité. Mais, en même temps, le refus de ce rejet a toujours existé. Car, contrairement aux autres espèces, l'espèce humaine a survécu en protégeant les plus faibles et en développant une intelligence nouvelle. L'humanité est incontournablement interdépendante et il ne peut y avoir de sauve-qui-peut individuel.

---

* Délégué national du mouvement ATD Quart Monde en France.

Les sciences humaines révèlent[1] que le stéréotype est une fonction naturelle de l'humain et rien ne sert de tenter de le nier. Les seules personnes avec qui nous dépassons les stéréotypes sont celles avec qui nous entrons en relation personnelle, intime, celles dont nous pouvons percevoir la complexité, les dilemmes, les multiples appartenances, l'histoire, celles avec lesquelles nous pouvons reconnaître la qualité d'être humain, non déterminé, libre, ayant une vie intérieure avec des combats, des joies, des peines, exactement comme nous-même.

Or, nous vivons dans un tel *apartheid* social qu'il n'y a pratiquement pas d'opportunité de rencontres libres, profondes et à égalité avec les personnes en situation de grande pauvreté. Les rencontres qui existent sont le plus souvent non libres : relation de mendicité, relation de bienfaiteur à bénéficiaire (que Wresinski qualifiait de relation de bienfaiteur à « obligé »), relation de mise en échec : les populations qui font échouer mon école, mon centre social, ma médecine, mon pays des droits de l'Homme. Quand ce ne sont pas carrément des relations fantasmatiques avec des personnes transformées en allégories du Moyen Âge : coupables de tous les maux, figures même du mal, ou victimes de tous et de tout, figures même du bien. Dans un cas comme dans l'autre, ces caricatures rendent les personnes concernées inhumaines et empêchent de reconnaître la nature humaine de la personne en situation de misère.

---

1. Voir Susan T. Fiske and Shelley E. Taylor, *Social Cognition : From Brains to Culture*, second edition, Sage Publications, Thousands Oaks, CA, 2013.

La seule manière de dépasser des stéréotypes, c'est la rencontre. Ce livre ne la remplace pas. Mais celle-ci est d'autant plus difficile qu'elle est entravée par trop d'idées reçues, aussi nous espérons que cet ouvrage vous aidera à démasquer les clichés et à oser cette rencontre. Elle ne peut pas se faire dans n'importe quelles conditions, il faut créer un terrain d'égalité et de réciprocité qui permette cette découverte. C'est toute l'ambition du mouvement ATD Quart Monde et d'autres mouvements citoyens de lutte contre l'exclusion sociale que de rendre possible cette rencontre. Non pas que les uns viennent aider et sauver les autres, mais que tous construisent des relations de réciprocité.

Nous savons tous plus ou moins que les personnes très démunies sont caricaturées. Mais pourquoi le sont-elles ? Le plus souvent, parce que l'institution conçue pour être ouverte à tous se trouve en échec avec les familles les plus démunies. Elle cherche alors une explication afin de se justifier. Par exemple, si les enfants échouent à l'école, c'est sûrement parce que *« les parents s'en désintéressent »*. Comme les premiers intéressés se trouvent hors du champ et du dialogue, ils ne peuvent pas démentir l'explication : c'est l'impasse.

Tant que nous ne réussirons pas à comprendre ensemble ce qui crée l'exclusion, nous ne pourrons pas prendre notre part de responsabilité et nous prolongerons le *statu quo* et le gâchis humain que représente la misère.

On dit souvent que celle-ci se transmet de génération en génération, comme s'il s'agissait d'un déterminisme social. En réalité, les explications erronées sur la misère et les idées reçues et enfermantes pour les personnes qui la subissent sont également un héritage que nous avons reçu des générations précédentes. Sommes-nous entièrement déterminés ? Non. Quittons l'idée que la misère est fatale. Oui, elle est l'œuvre des hommes et les hommes peuvent la détruire.

Ce livre n'est pas une explication. Il ne cherche qu'à questionner des idées reçues qui nous enferment, nous empêchent de nous estimer et de nous rencontrer.

Il n'est qu'un appel adressé à chaque lecteur afin de vivre cette rencontre qui est une libération, tant pour ceux qui sont enfermés dehors, que pour ceux qui sont enfermés dedans. Plusieurs rencontres de ce type qui ont changé les perceptions sont racontées au fil des pages, montrant qu'il n'y a pas de fatalité aux idées reçues.

Ce livre est aussi un appel pour que reculent les stéréotypes sur les personnes en situation de précarité et de grandes pauvretés. Il nous faut reconnaître que ces stéréotypes entraînent des traitements différents, et finalement des discriminations qui empêchent les personnes d'exercer leurs droits et de contribuer à un monde riche de tout son monde.

PREMIÈRE PARTIE

« LES PAUVRES SONT COUPABLES. » IDÉES REÇUES SUR LES PAUVRES

Sur la pauvreté en général

1 « *La définition du taux de pauvreté est artificielle* »

► **Ce n'est pas aussi simple. La grande pauvreté est une situation de rupture profonde qui n'a rien de relatif ni d'artificiel. Elle doit être appréhendée à l'aide de différents indicateurs.**

Contrairement à ce que certains disent, la pauvreté n'est pas qu'une notion « *relative* ». Un millionnaire ne sera jamais « *pauvre* » dans un pays de milliardaires. Il existe bien un moment où, à force de cumuler des précarités dans plusieurs domaines, une personne se trouve dans une situation de privations graves (qui peuvent varier d'une société à une autre et ne concernent pas que les revenus), une situation de rupture et d'exclusion qui la prive d'une existence sociale et de ses droits fondamentaux. C'est ainsi que l'économiste Amartya Sen a défini, dans les années 1980, la pauvreté comme un déficit de capabilités[1] de base permettant d'atteindre certains niveaux minimalement acceptables, variables d'une société à une autre : être bien nourri et

1. Selon Amartya Sen, une « *capabilité* » est un mode de fonctionnement accessible à une personne, qu'elle l'exerce ou non.

logé, prendre part à la vie de la communauté, pouvoir se montrer en public sans honte, etc.

En 1987, Joseph Wresinski avait donné une définition similaire de la grande pauvreté : *« La précarité est l'absence d'une ou plusieurs des sécurités, notamment celle de l'emploi, permettant aux personnes et familles d'assumer leurs obligations professionnelles, familiales et sociales, et de jouir de leurs droits fondamentaux. L'insécurité qui en résulte peut être plus ou moins étendue et avoir des conséquences plus ou moins graves et définitives. Elle conduit à la grande pauvreté quand elle affecte plusieurs domaines de l'existence, qu'elle devient persistante, qu'elle compromet les chances de réassumer des responsabilités et de reconquérir ses droits par soi-même, dans un avenir prévisible*[2]. *»*

Cependant, alors que Sen et Wresinski insistent sur la dimension pluridimensionnelle de la pauvreté[3], les mesures officielles de la pauvreté se basent, en France comme dans les autres pays, sur des indicateurs quantitatifs centrés sur l'aspect monétaire et faciles à mesurer : les revenus, l'accès à un panier de biens ou les *« conditions de vie »*. Dans la suite de cet ouvrage, nous utili-

2. Cette définition est contenue dans l'Avis adopté par le Conseil économique et social français les 10 et 11 février 1987, sur la base du rapport *Grande pauvreté et précarité économique et sociale* présenté par Joseph Wresinski, fondateur du mouvement ATD Quart Monde.

3. Cette dimension implique que la lutte contre la pauvreté ne doit pas être axée sur la seule question des revenus, mais aussi sur l'acquisition par les personnes de *« ressources »* comme l'éducation, la santé, le fait de ne pas être discriminé, etc.

serons ce type d'indicateurs car ils sont actuellement les seuls disponibles.

• La pauvreté monétaire

Pour les Nations unies et l'Union européenne, une famille est dite *« pauvre »* si son revenu se situe sous un seuil de pauvreté défini à 60 % du revenu médian[4] de l'ensemble des ménages. Dans la plupart des pays développés, la pauvreté est ainsi définie de façon relative, par rapport aux revenus de l'ensemble des habitants. Ce seuil de 60 % (soit 964 euros mensuels en 2010 pour une personne), adopté en 2008 par l'Insee comme seuil officiel de pauvreté, correspond assez bien à la perception que l'ensemble des Français a du moment où l'on *« devient pauvre. »* Mais, néanmoins, ce seuil masque les situations les plus graves et peut inciter à se dire : *« Les pauvres ne sont pas si pauvres »* (s'ils perçoivent 1 600 euros par mois) ou *« La pauvreté peut toucher tout le monde un jour ou l'autre »* (s'il suffit de descendre sous ce seuil pour devenir *« pauvre »*).

L'Insee mesure aussi chaque année le nombre de personnes dont le revenu est inférieur à 50 % du revenu médian – que l'on pourrait appeler le seuil de grande pauvreté – et de celles dont le revenu est inférieur à 40 % du revenu médian – que l'on pourrait appeler le seuil de très grande pauvreté.

---

4. Le revenu médian est celui qui partage la population en deux moitiés : une moitié touche moins et l'autre moitié touche davantage ; en France, il était de 1 606 € mensuels en 2010 pour une personne seule.

En France, on comptait en 2010 selon l'Insee :

– 8 617 000 personnes en situation de pauvreté (au seuil de 60 % à 964 euros mensuels), soit 14,1 % de la population,

– 4 755 000 personnes en grande pauvreté (seuil à 50 % à 803 euros), soit 7,8 %,

– et 2 128 000 personnes en très grande pauvreté (seuil à 40 % à 642 euros), soit 3,8 %.

En comparaison, le montant – très bas – du revenu de solidarité active (RSA) socle pour une personne seule est de 475 euros mensuels.

Aux États-Unis et au Canada, la pauvreté n'est pas seulement définie de façon relative, mais aussi de façon absolue en comptant le nombre de personnes qui ne peuvent pas s'offrir un *«panier»* de biens et services de base. Cette approche a ses avantages et ses inconvénients (il est en particulier difficile de définir ce panier et de déterminer comment le faire évoluer au fil des années). En France, l'Observatoire national de la pauvreté et de l'exclusion sociale (Onpes) travaille à la définition d'un tel panier en y associant des personnes confrontées à la pauvreté. Il est possible que l'Insee adopte prochainement un indicateur de ce genre, qui viendra compléter les précédents.

Signalons l'existence d'un autre indicateur monétaire suivi par l'Insee : l'intensité de la pauvreté, qui mesure en quelque sorte le revenu moyen des personnes en situation de pauvreté (il s'agit plus précisément de l'écart entre le seuil de pauvreté à 60 % et le revenu médian des personnes vivant en dessous de ce seuil). L'intensité de la pauvreté était de 18 % en 2004 et de 19,3 % en 2010.

• La pauvreté en conditions de vie

Chaque année, l'Insee (de même que des indicateurs européens) mesure également la *« pauvreté en conditions de vie »* avec des indicateurs absolus comptant le nombre de personnes qui cumulent un certain nombre de difficultés ou privations dans quatre domaines : consommation, insuffisance de ressources, retards de paiement, difficultés de logement.

En 2011, en France, le taux de pauvreté en conditions de vie est de 12,6 %.

2 *« En France, il y a moins de pauvreté et d'inégalités qu'ailleurs en Europe »*

▶ Cela dépend...

On vient de le voir, il existe différentes définitions de la pauvreté en France comme en Europe : une pauvreté monétaire *« relative »* et une pauvreté en conditions de vie *« absolue »*, analysée dans les statistiques européennes à travers un indicateur similaire, le *« taux de privations matérielles »*.

Ces données EU-SILC (statistiques européennes sur le revenu et les conditions de vie) montrent que, si le taux de pauvreté monétaire est plus bas en 2007 en France que dans la moyenne des autres pays de l'Union européenne, le taux de privations matérielles nous situe dans la moyenne européenne. En 2008, il est de 13 % en France et de 14 % en Irlande, 13 % en Allemagne, 12 % en Belgique, 11 % au Royaume-Uni, 9 % en Espagne et en Finlande, et 5 % en Suède, en Norvège et aux Pays-Bas [5].

L'instrument EU-SILC compare aussi les inégalités entre les différents pays. De 2000 à 2011, le rapport entre la part du revenu des 20 % les plus riches et celle des 20 % les moins fortunés est passé de 4,5 à 5,1 pour l'Union européenne (à quinze pays membres), de 4,2 à 4,6 pour la France, de 3,5 à 4,5 pour l'Allemagne, de 4,3 à 3,9 pour la Belgique, de 5,2 à 5,3 pour le Royaume-Uni et de 4,1 à 3,8 pour les Pays-Bas. On ne figure donc pas parmi les meilleurs élèves en matière d'inégalités.

On le voit, selon l'indicateur de pauvreté que l'on choisit, on peut situer la France dans les bons ou les mauvais élèves de l'Union européenne. Que veut-on montrer à travers de telles comparaisons ? Que le système de protection sociale français atténue l'impact de la pauvreté ? C'est vrai [6]. Que la pauvreté est moins grave et plus acceptable dans notre pays ? Certainement pas. Si les chiffres et les faits sous-estiment quelque chose, c'est la dureté des conditions de vie subies par les familles en grande précarité. Et, ajoute l'économiste Joseph Stiglitz [7], les chiffres sous-estiment souvent la réalité : *« Quand le Bureau du recensement a récemment examiné de près les statistiques, le taux de pauvreté* [aux États-Unis] *est passé de 15,2 % à 16 %. »*

---

5. Voir le communiqué de presse Eurostat, « Conditions de vie en 2008. Dans l'Union européenne à 27, 17 % de la population est menacée de pauvreté », 18 janvier 2010.
6. Voir l'idée reçue n° 58.
7. Joseph Stiglitz, *Le prix de l'inégalité*, Paris, Les Liens qui libèrent, 2012, p. 65.

> *« La perpétuité du paupérisme et de la misère est la douloureuse mais inéluctable conclusion à laquelle conduit l'observation attentive des faits économiques, et la science, comme l'histoire, confirme cette parole de l'Évangile : Vous aurez toujours des pauvres avec vous. »*
>
> (Comte d'Haussonville, 1895)

3 *« La pauvreté augmente moins que l'on ne le dit »*

► **Faux. La hausse est nette entre 2002 et 2012, particulièrement pour les plus pauvres... dans un des pays les plus riches du monde.**

Parlons-nous du *taux* de pauvreté ou du *nombre* de personnes en situation de pauvreté ? Étant donné que la population française augmente chaque année, un taux *« stable »* signifie une augmentation en nombre...

Dans son *Rapport 2011-2012*, l'Onpes précise : *« L'orientation à la hausse de la pauvreté depuis 2005 s'accompagne d'une augmentation des inégalités entre les deux extrêmes de l'échelle des revenus. »*

L'Observatoire des inégalités explique que *« la pauvreté a baissé des années 1970 au milieu des années 1990. Elle est ensuite restée plutôt stable jusqu'au début des années 2000. Entre 2002 et 2010, le nombre de personnes pauvres au seuil de 50 % a augmenté d'un million (+ 27 %) et le nombre au seuil de 60 % a progressé de 1,1 million (+ 15 %). Les taux sont passés respectivement de 6,5 à 7,8 % et de 12,9 à 14,1 %. Il ne s'agit pas d'une explosion et la France demeure l'un des pays qui*

Évolution du nombre de personnes pauvres (en milliers)

	Seuil à 40 %	Seuil à 50 %	Seuil à 60 %
1970		6 500	9 187
1975		5 836	9 020
1979		4 898	7 918
1984		4 667	7 685
1990		4 214	8 337
1996	2 477	4 550	8 179
1997	2 347	4 433	8 042
1998	1 919	4 257	7 873
1999	1 739	4 109	7 745
2000	1 833	4 165	7 838
2001	1 752	3 984	7 757
2002	1 624	3 746	7 495
2003	1 493	4 078	7 578
2004	1 461	3 896	7 382
2005	1 917	4 270	7 766
2006	1 867	4 188	7 828
2007	1 855	4 281	8 035
2008	1 910	4 272	7 836
2009	2 023	4 507	8 173
2010	2 128	4 755	8 617
Seuil de pauvreté à 40 % : données non disponibles de 1970 à 1990.			

Source : www.inegalites.fr/spip.php?article270

compte le moins de pauvres[8] *en Europe. Mais le mouvement de hausse est très net. Il constitue un tournant dans l'histoire sociale de notre pays depuis les années 1960*[9]. »

Ce tableau montre qu'entre 2002 et 2010, le nombre de personnes en situation de pauvreté en France a augmenté de 1 122 000 personnes (seuil à 60 %), dont 504 000 personnes percevant moins de 40 % du revenu médian et 505 000 percevant entre 40 et 50 % du revenu médian. Ce sont donc surtout les situations de *« très grande pauvreté »* et de *« grande pauvreté »* qui se développent.

Évolution du taux de pauvreté en France (en %)

	Seuil à 40 %	Seuil à 50 %	Seuil à 60 %
1970		13,5	19,1
1975		11,5	17,7
1979		9,3	15,1
1984		8,7	14,4
1990		7,4	14,7
1996	4,4	8,1	14,5
1997	4,1	7,8	14,2
1998	3,3	7,5	13,8
1999	3,1	7,2	13,5
2000	2,7	7,2	13,6

8. Voir l'idée reçue n° 2.

9. Voir www.inegalites.fr/spip.php?article270 (consulté en mai 2013).

	Seuil à 40 %	Seuil à 50 %	Seuil à 60 %
2001	2,6	6,9	13,4
2002	2,3	6,5	12,9
2003	2,6	7,0	13
2004	2,5	6,6	12,6
2005	3,2	7,2	13,1
2006	3,1	7,0	13,1
2007	3,1	7,2	13,4
2008	3,2	7,1	13,0
2009	3,3	7,5	13,5
2010	3,8	7,8	14,1
Seuil de pauvreté à 40 % : données non disponibles de 1970 à 1990.			

Sources : www.inegalites.fr/spip.php?article270 et rapport Onpes, 2011-2012, p. 34.

« *Il n'y a pas si longtemps*, témoigne Monsieur R., militant d'ATD Quart Monde dans le Nord, *avec le RSA, on vivait jusqu'au 20 du mois. Aujourd'hui, on est démuni à partir du 10... Et encore, le régime, c'est pâtes, jambon, œufs et c'est tout*[10]. »

10. Voir journal *Feuille de route Quart Monde*, décembre 2012.

4 « Ce sont les inégalités qui progressent, plus que la pauvreté »

▶ Non. Ce sont les deux qui progressent.

Les inégalités *et* la pauvreté progressent depuis le début des années 2000 en France[11].

En matière de progression des inégalités, une autre comparaison réalisée par l'Observatoire des inégalités[12] montre qu'entre 2000 et 2010, le niveau de vie moyen annuel des 10 % les plus aisés (56 190 euros de revenus annuels en 2010) a augmenté de l'équivalent de neuf mois de SMIC, celui des classes moyennes d'environ 2 000 euros et celui des plus démunis de 400 euros.

Remarquons aussi que l'on parle souvent des inégalités de revenus, mais que c'est surtout au niveau des patrimoines et au moment des héritages que les inégalités se creusent : les 10 % des ménages les moins aisés détiennent moins de 2 700 euros de patrimoine brut (avant remboursement des emprunts). Les 10 % les mieux dotés disposent d'un patrimoine supérieur à 552 300 euros. Soit un rapport de 1 à 205, qui a crû de près d'un tiers depuis 2004. Un écart bien plus important que celui relatif aux revenus, qui était en 2009 de 4,2 entre les revenus moyens des 10 % les plus modestes et ceux des 10 % les plus riches[13].

---

11. Voir les idées reçues n° 2 et n° 3.
12. Voir www.inegalites.fr/spip.php?article1163 (consulté en mai 2013).
13. Voir www.insee.fr/fr/themes/document.asp?ref_id=ip1380 (consulté en mai 2013).

5 « *Les pauvres coûtent cher* »

▶ **Oui, la misère coûte cher humainement et économiquement. Si elle n'existait plus, toute la société y gagnerait.**

Indépendamment de toute considération économique, affirmons tout d'abord l'obligation morale de permettre à chaque personne de vivre dans la dignité, tel que le prévoit par exemple le Protocole facultatif au Pacte international des droits économiques, sociaux et culturels (PIDESC) – protocole qui, en avril 2013, n'est pas encore ratifié par la France.

Intéressons-nous aussi à l'aspect économique. La pauvreté représente un coût pour la collectivité composé de coûts directs (aides sociales, programmes de lutte contre la pauvreté...) et indirects (manque à gagner sur la consommation, les recettes fiscales, conséquences de la pauvreté sur la santé...). Dans son rapport *Le sens des sous pour résoudre la pauvreté*[14], le Conseil national du bien-être social canadien constate : « *Les coûts et les conséquences de la pauvreté sont beaucoup plus importants que les dépenses directes effectuées à l'égard des programmes de lutte contre la pauvreté*[15]. *Nous voyons quel est le coût total lorsque les coûts indirects et les coûts pour la société sont pris en compte. L'écart de pauvreté*

14. Voir *Rapports du Conseil national du bien-être social*, volume 130, automne 2011.

15. Et ils ne s'évaluent pas seulement en euros, mais aussi en mal-être des personnes directement concernées et de toutes les autres.

enregistré au Canada en 2007 – c'est-à-dire le montant qu'il aurait fallu pour que tout le monde puisse être juste au-dessus du seuil de pauvreté – était de 12,3 milliards de dollars. Or, le coût total de la pauvreté cette année-là était au moins deux fois plus élevé selon les estimations les plus prudentes. La grande conclusion qui se dégage d'études menées au Canada et dans d'autres pays, c'est que le fait d'investir dans l'élimination de la pauvreté engendre moins de coûts que si on la laisse persister. » Ce rapport cite également l'étude *« The Economics of Poverty : How Investments to Eliminate Poverty Benefit All Americans »*, effectuée en 2006 par Oppenheim et MacGregor, qui révèle qu'un investissement visant à éliminer la pauvreté aux États-Unis permettrait d'accroître les ressources de chaque ménage américain de plus de 18 000 $ annuels. Selon cette étude, si l'on versait à chaque ménage confronté à la pauvreté de quoi atteindre un niveau minimal de revenu moyen – soit au total 397 milliards de dollars chaque année –, cela permettrait d'économiser presque quatre fois ce coût – un rapport avantages-coûts de 3,75 pour 1.

Bien sûr, ces calculs canadiens et américains demandent à être affinés, actualisés et effectués aussi pour d'autres pays. Ils sont à prendre avec prudence si l'on considère qu'une partie de l'augmentation du revenu ne profiterait pas aux personnes parce que les marchés s'adapteraient à l'évolution des ressources disponibles (par exemple, si l'on augmentait le revenu minimum, les bailleurs de logements augmenteraient probablement les montants des loyers).

De plus, la pauvreté ne consistant pas seulement en un manque de revenus, on ne peut prétendre *« éliminer la pauvreté* » avec une politique qui ne viserait qu'à assurer des ressources minima aux personnes possédant les plus bas revenus [16].

Enfin, une dernière remarque. Les personnes en situation de pauvreté coûtent à la société, mais elles lui rapportent aussi. L'utilisation du travail précaire ou non déclaré [17] par les entreprises en est l'exemple le plus flagrant. Ajoutons aussi que ces personnes participent au développement de l'économie en tant que consommateurs et contribuables [18].

---

16. Voir l'idée reçue n° 60.
17. En France, 7,3 % des entreprises sous-déclarent les heures travaillées par leurs employés (rapport 2011 de l'Acoss, la branche recouvrement de la Sécurité sociale).
18. Voir l'idée reçue n° 28.

Sur les sans-abri

6 « Les gens qui vivent à la rue l'ont choisi »

▶ **Faux pour la majorité des personnes concernées.**

Pour 64 % des personnes interrogées par l'institut CSA en novembre 2009 pour l'association Emmaüs, c'est l'État qui est responsable du fait que des personnes vivent sans domicile ; pour 31 %, ce sont les personnes concernées elles-mêmes – et, pour 20 %, les collectivités territoriales, pour 18 %, les municipalités, pour 15 %, tous les citoyens et pour 4 %, les associations.

Les personnes sans abri ont-elles en partie choisi leur situation ?

Dans un article, Cécile Brousse décrit le cumul de précarités qui marque le passé des personnes sans domicile : *« Une personne sans domicile sur cinq a dû quitter le domicile de ses parents avant l'âge de 16 ans (proportion six fois plus élevée que dans le reste de la population). Parmi eux, près des trois quarts ont été accueillis dans un foyer de l'enfance et/ou placés en famille d'accueil. Un tiers a connu des difficultés économiques avant l'âge de 18 ans, soit trois fois plus que chez les personnes occupant un logement ordinaire. La moitié des sans-domicile* [fréquentant les services d'hébergement et de distribution de repas chauds] *a été marquée par la maladie ou le décès d'au moins un de ses parents avant l'âge de 18 ans, taux là encore trois fois plus élevé que dans le reste de la population et 40 % des sans-domicile ont vu leurs parents divorcer ou se séparer dans leur enfance, contre 20 % des personnes en logement ordinaire*[1]. »

En ce qui concerne les jeunes sans domicile, la MRIE (Mission régionale d'information sur l'exclusion en Rhône-Alpes) observe que *« les difficultés d'accès des jeunes au logement et l'absence de ressources propres des moins de 25 ans n'ayant pas d'activité professionnelle (et pas de droit au RMI) en font un public d'autant plus vulnérable qu'il est accompagné d'un isolement relationnel*[2]. »

En réalité, si certaines personnes sans domicile affirment qu'elles ont choisi ce mode de vie, c'est souvent parce qu'elles préfèrent se considérer comme actrices de leur destin, ne voyant pas d'alternative à leur situation. La Conférence de consensus « Sortir de la rue » *précise en 2007 que* « si certains, notamment parmi les plus jeunes, affirment le "choix" de la rue comme rejet d'une vie routinière et sans perspectives (pour des populations très majoritairement issues des milieux modestes), la plupart oscillent entre le rêve d'une vie "comme tout le monde" et des discours d'auto-justification pour se protéger de la violence des contraintes subies[3]. »

---

1. Cécile Brousse, « Devenir sans-domicile, le rester : rupture des liens sociaux ou difficultés d'accès au logement ? », *Économie et statistique*, n° 391-392, 2006.

2. Voir l'étude *Connaissance des personnes sans logement ou hébergement fixe dans l'agglomération lyonnaise*, janvier 2009.

3. Voir www.hclpd.gouv.fr/IMG/pdf/Conference_de_consensus_Sortir_de_la_rue_cle7b8d79.pdf (consulté en mai 2013).

Le 6 juin 1790, le duc de la Rochefoucauld-Liancourt distingue les "véritables pauvres" des "mauvais pauvres", c'est-à-dire ceux qui, connus sous le nom de mendiants de profession et de vagabonds, se refusent à tout travail, troublent l'ordre public, sont un fléau dans la société et appellent sa juste sévérité. »

7 *« Les sans-abri ne veulent pas travailler »*

▶ **Faux.**

Selon l'Insee (enquête auprès des personnes fréquentant les services d'hébergement ou les distributions de repas chauds, janvier 2001), les personnes sans domicile se répartissent entre chômeurs (43 %), actifs occupés (29 %) et inactifs (28 %). Un tiers des inactifs sont des étrangers non autorisés à travailler. Les autres inactifs ne cherchent pas d'emploi pour des raisons de santé (30 %), parce qu'ils ne souhaitent pas travailler ou entreprendre de recherche d'emploi (12 %), parce qu'ils se considèrent comme trop jeunes ou trop âgés pour les employeurs (9 %) ou parce qu'ils ne sont pas disponibles (15 %) – il s'agit essentiellement de jeunes mères de famille.

« En janvier 2001, 36 % des sans-domicile recherchent effectivement un emploi, précise Bernadette de la Rochère dans l'étude Les sans-domicile ne sont pas coupés de l'emploi[4]. *À structure par âge et sexe comparable, c'est cinq fois plus que dans le reste de la population. »*

---

4. Bernadette de la Rochère, « Les sans-domicile ne sont pas coupés de l'emploi », *Insee Première,* n° 925, octobre 2003.

L'enquête Insee précise aussi que *« parmi les sans-domicile francophones usagers des services d'aide, près de 90 % ont travaillé au cours de leur vie, huit fois sur dix comme employés ou ouvriers. »*

D'une manière générale, on entend souvent dire que *« Les pauvres ne veulent pas travailler*[5] *»*. On imagine bien que, pour une personne sans domicile, les obstacles à l'emploi sont encore plus importants que pour une personne en grande précarité possédant un domicile.

8 *« La pauvreté, cela peut arriver à tout le monde »*

► **Faux. Ce fantasme entretenu par les médias est sans fondement.**

Deux tiers des Français jugent possible qu'eux-mêmes ou un de leurs proches se retrouvent un jour sans domicile fixe.

Cette idée reçue entretenue par certains discours sur la crise est le contraire de l'idée selon laquelle *« les gens qui vivent à la rue l'ont choisi »*, mais cela ne les empêche pas de coexister. Or, on l'a vu avec cette idée reçue, il suffit rarement d'un ou deux accidents dans la vie (rupture familiale, licenciement...) pour se retrouver durablement *« à la rue »*. Ce risque est en réalité faible pour celui qui peut compter sur un réseau social et un métier. La grande majorité des personnes sans abri a connu un cumul de précarités dans la durée et un isole-

5. Voir l'idée reçue n° 21.

ment social important. Les personnes sans domicile qui avaient auparavant un emploi occupaient des métiers d'ouvriers ou d'employés dans huit cas sur dix, révèle l'enquête de l'Insee de janvier 2001 auprès des personnes fréquentant les services d'hébergement ou les distributions de repas chauds.

Jean-Marie Firdion et Isabelle Parizot relèvent que *« parmi les personnes sans domicile nées en Europe ou arrivées en France avant 16 ans, 28 % des hommes et 32 % des femmes, déclarent avoir été placés durant leur enfance ou leur jeunesse*[6]*. »*

Si la peur de se retrouver seul et sans domicile est si répandue, c'est aussi parce qu'elle renvoie à des angoisses ancrées profondément en chaque personne et qui ne datent pas d'aujourd'hui. Elle a toujours été sans rapport avec la réalité économique et sociale, mais la crise la renforce.

9 *« Les sans-abri sont des alcooliques »*

▶ Ce n'est pas aussi simple que cela.

Lorsque l'on dit *« les sans-abri sont des alcooliques »*, on peut entendre deux choses différentes : c'est l'alcool qui est la cause principale de la situation des personnes sans domicile, ou à l'inverse : c'est le fait

6. Jean-Marie Firdion, Isabelle Parizot, « Le placement durant l'enfance et le risque d'exposition aux violences à l'âge adulte », *in Violences et santé en France. État des lieux*, Paris, La Documentation française, 2010.

d'être sans domicile qui encourage la consommation d'alcool.

Pour ce qui est du premier point, aucune étude n'a montré jusqu'à présent que les personnes sans domicile ont eu en moyenne par le passé une consommation excessive d'alcool.

Pour ce qui est du second point, François Beck, Stéphane Legleye et Stanislas Spilka, de l'Observatoire français des drogues et des toxicomanies reconnaissent qu'*« au sein d'un groupe social, l'alcool est souvent un facteur susceptible de faciliter les échanges. Pour les personnes sans abri, si la consommation d'alcool, en particulier chez les hommes, conserve ce rôle de socialisation, elle peut être aussi directement liée aux conditions de vie en étant notamment un moyen de supporter la rudesse de la rue.* [...] *Les équipes mobiles se rendant à la rencontre des personnes en grande exclusion soulignent à la fois l'omniprésence de l'alcool comme préliminaire à la sociabilité* [...]*, le rôle de mise à distance de la honte et de désinhibiteur dans l'entreprise de la mendicité. Elles évoquent également le soutien apporté à une immobilité prolongée dans la rue, une protection contre la violence humaine et des agressions climatiques et la fonction d'anesthésiant qui permettent de supporter la durée parfois longue de collecte de l'argent nécessaire.* [...] *Ces équipes font aussi le constat d'un sevrage possible et même étonnamment rapide et accepté dans le cadre d'une prise en charge individuelle qui n'est envisageable que dans les lieux de repos médicalisés.* [...] *Dans la population sans domicile, 9 % des personnes présenteraient un risque important vis-à-vis de l'alcool. D'après le Baromètre santé, en population générale, 4,1 % des* *personnes de 18 à 75 ans seraient dans ce cas. Cet écart confirme le caractère problématique beaucoup plus fréquent (du simple au double) de l'usage d'alcool au sein de la population sans domicile, les deux enquêtes s'accordant pour situer le risque maximal entre 40 et 50 ans et l'importance de l'écart hommes-femmes*[7]. »

10 « Les sans-abri sont des personnes isolées »

► **Faux. À Paris, les familles représentent la moitié des sans-abri hébergés par le 115**[8]**.**

« Le nombre de personnes en famille[9] *hébergées par le 115 de Paris a augmenté de près de 400 % entre 1999 et 2009. Parallèlement, la durée annuelle moyenne de séjour est passée de 18 à 130 jours. En 1999, les personnes en famille représentaient 12 % des usagers du 115, et se voyaient attribuer 12 % des nuitées. En 2009, les familles représentent 48 % des usagers et se voient attribuer 73 % des nuitées*[10]. »

7. François Beck, Stéphane Legleye, Stanislas Spilka, « L'alcoolisation des personnes sans domicile : remise en cause d'un stéréotype », *Économie et statistiques*, n° 391-392, 2006.

8. Numéro d'appel du Samu social de Paris.

9. Une famille sans domicile est définie par la présence d'au moins un enfant mineur accompagnant un parent.

10. Emmanuelle Guyavarch, Erwan Le Méner, « À Paris, de plus en plus de familles sans domicile », in *Sans-abri en Europe*, magazine de la Fédération européenne d'associations nationales travaillant avec les sans-abri (FEANTSA), automne 2010.

11 *« Les gens qui vivent à la rue ne peuvent pas s'en sortir »*

▶ Faux. Il n'y a pas de fatalité à la vie dans la rue.

Des chercheurs[11] et des équipes de terrain disent l'importance de relations sociales positives et d'événements valorisants sur l'amélioration de la santé, de l'estime de soi et de la confiance. Frédérique Giuliani et Pierre Vidal-Naquet relèvent également l'importance de la relation humaine[12]. Des personnes sans abri qui ont retrouvé un toit et une place dans la société confient qu'elles le doivent à des rencontres avec des travailleurs sociaux ou *« des gens ordinaires »*. La rupture des personnes sans domicile avec leur famille est rarement définitive, de même qu'avec leurs anciennes connaissances, surtout quand celles-ci appartiennent à un milieu populaire.

Bien sûr, il faudrait d'abord tout faire pour que personne ne se retrouve à la rue.

> *« Sa Majesté attend de votre zèle et de votre affection que l'on voit toujours un grand nombre de pauvres dans Paris et aux environs et qu'elle désire que vous renouveliez vos soins et votre application pour les faire prendre par vos officiers et*

---

11. Voir par exemple l'article de Patrick Peretti-Watel, « Lien social et santé en situation de précarité. État de santé, recours aux soins, abus d'alcool et réseau relationnel parmi les usagers des services d'aide », *Économie et statistique*, n° 391-392, 2006.

12. Frédérique Giuliani, Pierre Vidal-Naquet, « Les personnes sans domicile fixe, modes de vie et trajectoires », *Les personnes sans domicile, Travaux de l'Onpes 2001-2002.*

les enfermer comme les autres... en telle sorte que l'on ne verra plus de pauvres dans Paris. »

(Lettre de Colbert aux administrateurs de l'Hôpital général en 1670)

12 *« Les sans-domicile refusent des hébergements sans raison »*

Faux.

Le sociologue Julien Damon essaie de comprendre[13] pourquoi les sans-abri refusent souvent d'être pris en charge dans des centres d'hébergement d'urgence : *« Ils peuvent accepter un café, une couverture, un repas, mais ils refusent d'aller dans un centre d'hébergement ou de monter dans un bus qui pourrait les acheminer vers un hôpital ou un autre centre. »* Ces refus sont le plus souvent incompris. Or, nombre d'entre eux ont des explications précises, pas toujours exprimées. Certaines personnes vivent en couple, avec des enfants ou des animaux de compagnie et ne souhaitent pas être séparées. D'autres ne veulent pas être regroupées et assimilées à d'autres personnes sans domicile, n'apprécient pas la vie en collectivité, l'insalubrité de certains centres d'hébergements ou la violence qui y règne. Parmi les personnes sans domicile, beaucoup ont connu des diffi-

---

13. Julien Damon, « Pourquoi les sans-domicile fixe refusent-ils d'être pris en charge ? » sur www.inegalites.fr/spip.php?article987&id_mot=3 (consulté en mai 2013).

cultés et des placements pendant l'enfance et ont peur des institutions.

Des personnes craignent les conséquences d'un passage par un centre d'hébergement : séparation d'un couple, placement d'un enfant... Par ailleurs, la plupart des personnes sans abri ont une existence quotidienne qui a ses repères et ses régularités, que viendrait perturber un hébergement pour quelques jours dans un centre.

> *« Les classes pauvres et vicieuses ont toujours été et seront toujours la pépinière la plus productive de toutes sortes de malfaiteurs. »* (Honoré-Antoine Frégier, 1840)

13 *« Les sans-abri atteints de troubles mentaux sont violents »*

► **Pas si simple.**

Le trouble mental n'est pas en soi facteur d'une violence aggravée. De façon générale, *« les images véhiculées par les discours politiques, les médias et le cinéma montrent la personne malade comme agressive, voire criminelle. Or, la réalité, c'est que les personnes atteintes de troubles psychiatriques sont douze fois plus victimes d'agressions physiques et 130 fois plus victimes de vols que leurs concitoyens*[14]. »

14. Rapport sur les droits et la protection des personnes faisant l'objet de soins psychiatriques présenté à l'Assemblée nationale en mars 2011.

L'enquête « Samenta » (Santé mentale et addictions chez les personnes sans logement), réalisée par l'Observatoire du Samu social de Paris et l'Inserm[15] en 2009 montre que le risque relatif que les personnes atteintes de troubles mentaux commettent des actes violents n'*« est un peu plus élevé que pour des populations non malades »* que *« si la maladie mentale est accompagnée par d'autres facteurs, par exemple si la personne a été victime de violences dans le passé, s'il existe un contexte de violence environnante ou si elle abuse de substances toxiques. »*

Cette enquête montre que les personnes sans domicile atteintes de troubles mentaux sont plus souvent victimes que responsables de violences.

15. Institut national de la santé et de la recherche médicale.

Sur les minima sociaux

14 *« Les pauvres font des enfants pour toucher des aides »*

▶ **Faux. Plus on a d'enfants, plus on s'appauvrit.**

Ce n'est pas avec les allocations familiales et le RSA que l'on peut vivre dignement en famille. Une famille proche du seuil de pauvreté ou se situant en dessous ne s'en éloigne pas ou s'y enfonce même parfois plus lorsqu'elle s'agrandit.

Deux exemples (avec une aide au logement pour un loyer de 700 euros en Île-de-France) en donnent la preuve :

– les revenus d'une famille de deux enfants de moins de 14 ans et ayant 2 100 euros de revenus (allocations familiales de 127 euros inclues) la situent juste au-dessus du seuil de pauvreté (voir tableau ci-dessous). À chaque nouvel enfant, elle se rapproche un peu plus du seuil de pauvreté qui varie selon la composition de la famille et s'élève à chaque fois de 289 euros (niveau 2010).

– les revenus d'une famille sans emploi, au RSA socle.

Choisir d'avoir des enfants, c'est toujours choisir de vivre avec moins d'argent par personne.

Situation financière des familles au regard du seuil de pauvreté

	Revenus avec *deux enfants* (seuil de pauvreté en 2010[1] : 2 024 €)	**Revenus avec *trois enfants* (seuil de pauvreté en 2010 : 2 314 euros)**	**Revenus avec quatre *enfants* (seuil de pauvreté en 2010 : 2 603 €)**
Une famille avec des enfants de moins de 14 ans et ayant 2 100 € de revenus (y compris AF de 127 € pour deux enfants)	2 100 + 100 (APL) = 2 200 € Soit 176 € au-dessus du seuil de pauvreté	2 100 € + 163 € (AF supplém.) + 225 (APL) = 2 488 € Soit 174 € au-dessus du seuil de pauvreté	2 100 + 326 (AF supplém.) + 316 (APL[2]) = 2 742 € Soit 139 € au-dessus du seuil de pauvreté
La même famille au RSA socle (en tenant compte du forfait logement)	871 (RSA) + 483 (APL) = 1 354 € Soit 670 € sous le seuil de pauvreté	1 067 (RSA) + 547 (APL) = 1 614 € Soit 700 € sous le seuil de pauvreté	1 258 (RSA) + 610 (APL) = 1 868 € Soit 735 € sous le seuil de pauvreté

1. Les chiffres de la pauvreté n'étant connus qu'avec un certain délai, nous ne disposons en juin 2013 que du seuil de pauvreté 2010.

2. La hausse de l'APL n'est une ressource supplémentaire pour faire face à la charge d'un nouvel enfant que pour autant que le loyer reste le même. C'est pourquoi on voit que le surpeuplement du logement est une stratégie obligée des ménages pauvres pour pouvoir s'en sortir.

15 *« Les pauvres font tout pour profiter au maximum des aides »*

► **Faux. Au contraire, beaucoup ne sollicitent pas les aides auxquelles ils ont droit.**

Pour différentes raisons (volonté de ne pas dépendre de l'aide publique, complexité des démarches, manque d'information, souhait de ne pas être contrôlé...), une partie des personnes éligibles à différentes aides n'en font pas la demande. C'est ce que l'on appelle le non-recours. Les taux de non-recours sont les suivants : 50 % en moyenne pour le RSA (68 % pour le RSA activité, 35 % pour le RSA socle), 29 % pour la CMU complémentaire, 68 % pour le tarif première nécessité d'EDF, 62 % pour le tarif spécial solidarité de GDF, 50 à 70 % pour les tarifs sociaux dans les transports urbains[3].

16 *« Les pauvres ont des droits, mais ça va avec des devoirs »*

► **Bien sûr. Mais l'accompagnement produit de meilleurs résultats que la contrainte et l'obligation.**

À la question *« Faut-il obliger les allocataires du RSA à travailler ? »* posée sur le site du Journal du net[4], 38 contributeurs sont d'accord, 13 ne le sont pas.

---

3. Voir l'enquête d'Odenore, *L'Envers de la « fraude sociale ». Le scandale du non-recours aux droits sociaux*, Paris, La Découverte, 2012.
4. Voir http ://bit.ly/W8bfnM (consulté en mai 2013).

Tout d'abord, il faut savoir de quels droits nous parlons. Il existe des droits fondamentaux – comme le droit à des moyens convenables d'existence, reconnu par notre Constitution – qui ne sont pas la contrepartie d'obligations particulières. Il existe par ailleurs des droits conditionnels, liés, eux, au respect de certaines obligations (par exemple, le droit aux allocations chômage si l'on a travaillé suffisamment auparavant).

Par ailleurs, les personnes en situation de pauvreté ne sont pas moins désireuses que les autres d'assumer leurs responsabilités et leurs devoirs et, en particulier, de travailler[5].

Pour ce qui est des obligations de recherche d'emploi liées au RSA, l'Onpes s'est clairement exprimé dans son rapport 2009-2010 : *« Le retour à l'emploi doit rester la priorité des dispositifs de minima sociaux. Parmi les différents volets des politiques d'activation, on observe généralement qu'un effort en faveur des mesures d'accompagnement favorise le retour à l'emploi. En revanche, les autres volets tels que l'obligation de recherche active d'emploi ou l'acceptation d'une "offre raisonnable d'emploi" doivent être repensés.* [...] *L'efficacité optimale du dispositif d'accompagnement repose sur la possibilité d'identifier et de financer un référent unique capable de prendre en compte l'ensemble des besoins des personnes. »*

Or, les moyens de cet accompagnement sont insuffisants. Le Sénat, le Conseil économique social et environnemental, l'Onpes et d'autres institutions ont dénoncé le

---

5. Voir l'idée reçue n° 21.

manque de conseillers à Pôle Emploi[6]. Et il faut aussi agir sur les autres moyens d'accompagner les chercheurs d'emploi de longue durée, car Pôle Emploi n'est pas le lieu vers lequel les orienter *tous* directement, certains ayant besoin auparavant d'autres types d'accompagnements[7].

Bernard Gomel et Dominique Méda s'interrogent : *« On peut se demander si le pari qui consistait à demander à tous les allocataires de s'inscrire à Pôle Emploi et à orienter majoritairement ceux-ci vers Pôle Emploi ne s'appuyait pas sur une certaine ignorance de la réalité de la population au RMI*[8]. *»* Selon ces deux auteurs, les politiques d'activation du RSA décidées en 2008 s'apparentent à *« un jeu de rôles dans un théâtre »* : *« La panoplie complète permettant de contraindre les allocataires du RSA à reprendre un emploi a été adoptée, en 2008 – droits et obligations, orientation prioritaire vers Pôle Emploi, incitation à l'accompagnement professionnel, application de la loi relative à l'offre raisonnable d'emploi (ORE) aux allocataires... – à un moment où la crise rendait la demande de travail des*

---

6. Voir le rapport du Sénat sur Pôle Emploi, juillet 2011, et l'avis sur « Pôle Emploi et la réforme du service public de l'emploi » (juin 2011) du Conseil économique, social et environnemental.

7. Les budgets des départements pour les politiques d'insertion liées au RSA ne sont pas suffisamment dotés. Dans son livre *Salauds de pauvres*, Benjamin Griveaux écrit : *« Alors que le chômage s'accroît et que l'effort devrait porter en priorité sur le retour à l'emploi des publics en difficulté, les moyens que je peux y consacrer* [en tant que responsable des politiques d'insertion pour le conseil général de Saône-et-Loire] *au mieux stagnent, au pire diminuent. »*

8. Bernard Gomel, Dominique Méda, *Le RSA, innovation ou réforme technocratique ? Premiers enseignements d'une monographie départementale*, Centre d'études de l'emploi, novembre 2011.

entreprises et l'offre de postes de travail particulièrement rare. Tout se passe donc comme un jeu de rôles dans un théâtre où l'on obligerait les allocataires à singer la recherche frénétique d'emploi alors qu'il n'y a pas d'emplois – ou du moins d'emplois dignes de ce nom. [...] *En l'absence d'emplois, la mécanique des droits et devoirs, même mise en œuvre de la façon la plus humaine possible, peut se transformer en instrument de torture morale.* »

17 *« On peut gagner plus au RSA qu'avec le SMIC »*

► **Faux.**

L'observation chiffrée de quelques cas de figure montre que, si l'on galère avec le SMIC, on galère encore plus avec le RSA. Prenons le cas d'un couple locataire à Paris avec un loyer de 700 euros mensuels :

Bénéficier du RSA socle ouvre droit à des réductions de cantine, transports, garderie, mais ces avantages sont loin de combler les écarts constatés dans ce tableau[9].

L'intention de ce tableau n'est pas de prouver qu'une famille vivant avec un SMIC s'en tire *« bien mieux »* que celle qui n'a que le RSA. Nous voulons démonter l'idée fausse qu'une famille a un intérêt financier à percevoir le RSA socle plutôt qu'un SMIC à plein temps. Les deux familles se situant sous le seuil de pauvreté monétaire, il est évident que la vie est très difficile pour toutes les

9. Voir l'article : « La fable bidon de la famille RSA qui gagne plus que la famille salariée » sur www.rue89.com (consulté en juin 2013).

Comparaison des ressources mensuelles d'un couple avec un RSA ou un SMIC

	Ressources mensuelles (dont APL) pour un couple sans emploi ni allocations chômage (RSA socle)	Ressources mensuelles (dont APL) pour un couple avec un SMIC à 1 100 € mensuel net (+ RSA activité)
Sans enfant avec aide au logement (APL)	609 (RSA) + 367 (APL) = **976** € + droit à la CMUC[1] et aux tarifs sociaux gaz-électricité	1 100 + 191 (RSA activité[2]) + 172 (APL) = **1 463** € pas de droit à la CMUC
Sans enfant et sans APL	**725** € + droit à la CMUC et aux tarifs sociaux	1 100 + 307(RSA activité) = **1 407** € pas de droit à la CMUC
Avec deux enfants et APL et Allocations familiales = 127 €	871[3] + 483 (APL) = **1 354** € + droit à la CMUC et aux tarifs sociaux	1 100 + 127 (AF) + 327 (RSA activité) + 368 (APL) = **1 922** € + droit à la CMUC et aux tarifs sociaux
Avec deux enfants et sans APL. AF = 127 €	**1 015** € + droit à la CMUC et aux tarifs sociaux	1 100 + 127 + 470 (RSA activité) = **1 697** € + droit à la CMUC et aux tarifs sociaux

1. Pour avoir accès à la CMUC (Couverture maladie universelle complémentaire), les revenus mensuels doivent être inférieurs à 992 € pour un couple sans enfants et 1 389 € pour un couple avec deux enfants. Sont inclus dans ce calcul les revenus de la famille (hors RSA mais y compris allocations familiales) et un forfait logement en cas d'aide au logement: 116 € mensuels pour deux personnes en 2013 et 143 € pour trois personnes ou plus.
2. Le RSA activité se calcule par la formule RSA activité = montant forfaitaire RSA + 62 % des revenus d'activité (sans AF) – Ressources du foyer (avec AF) – forfait logement (en cas d'aide au logement). Le forfait logement à déduire s'élève à 116 € pour un couple sans enfant et 143 € pour un enfant ou plus.
3. Le RSA socle comprend les allocations familiales.

deux. De plus, si la famille perçoit un SMIC non plus à temps plein, mais à temps partiel, sa situation se détériore davantage.

Dans son rapport 2011, la MRIE présente un comparatif RSA/SMIC pour plusieurs configurations familiales. Là aussi, les écarts vont dans le même sens et sont éloquents.

Remarquons pour finir qu'effectuer le calcul du RSA activité et connaître l'éligibilité à des aides sociales est un véritable parcours du combattant... et qu'il y a souvent des écarts entre les calculs théoriques et la réalité. Comment des familles aux ressources modestes peuvent-elles prévoir leurs revenus sur les mois à venir et vivre autrement qu'au jour le jour ? Par ailleurs, nombre d'entre elles se retrouvent avec des interruptions de prestations à la suite d'erreurs de déclaration de ressources.

Sur le budget des familles

18 « On ne vit pas trop mal avec le RSA »

▶ **Faux. Il n'est pas possible de vivre dignement avec le RSA aujourd'hui**[1].

Le cliché qui montre l'*« assisté social »* prenant du bon temps pendant que les autres travaillent a la vie dure. Comme les personnes qui ont des niveaux de revenus différents vivent de plus en plus dans des mondes séparés, elles se connaissent et se comprennent de moins en moins.

Quelques indicateurs devraient cependant faire comprendre la réalité des choses, par exemple :

– la croissance de la part des dépenses contraintes (loyer, téléphone, gaz, électricité, cantine, assurances...) dans le budget des ménages,

– la croissance du nombre de familles en situation de précarité énergétique,

---

1. Certains prétendent que c'est possible en cumulant aides sociales et travail au noir. Ils citent l'exemple d'« un voisin au RSA qui... » Mais des exemples ne font pas une généralité. Le travail au noir est par nature difficilement quantifiable. S'il était possible de l'évaluer plus précisément, on constaterait peut-être qu'il est pratiqué par toutes les couches de la société sous différentes formes et que, pour paraphraser le Conseil d'État au sujet de la fraude (voir l'idée reçue n° 23), *« le travail au noir des pauvres est un pauvre travail au noir »*.

– la croissance du nombre de familles surendettées,

– les taux de non-recours aux soins (voir *« Avec la CMU, tout le monde a accès aux soins »*).

Pour ce qui est des dépenses contraintes, le graphique suivant[2] montre quelle était leur part en pourcentage dans le budget des ménages en 1979, 1989, 2000 et 2005.

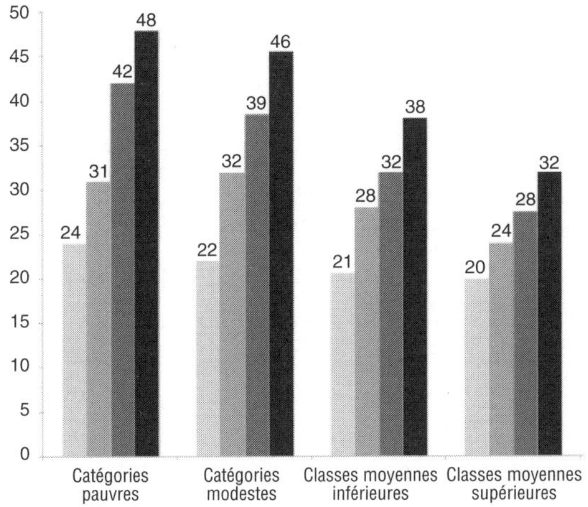

Part des dépenses contraintes dans le budget des ménages (1979, 1989, 2000 et 2005)

Note : Les ménages *« pauvres »* ont un revenu inférieur à 780 euros mensuels pour une personne ; les ménages *« modestes »*, un revenu inférieur à 1 120 euros, les *« classes moyennes inférieures »*, un revenu inférieur à 1 750 euros et les *« classes moyennes supérieures »*, un revenu inférieur à 2 600 euros mensuels (toujours pour une personne).

---

2. Issu du rapport *Pour une mise en œuvre du droit à des moyens convenables d'existence. Analyse établie autour du concept de « reste à vivre »* publié en juin 2012 par le Comité national des politiques de lutte contre la pauvreté et l'exclusion sociale (CNLE).

On voit que l'augmentation importante de la part des dépenses contraintes – en particulier pour les familles les plus pauvres – est antérieure à la crise de 2008. On imagine bien qu'elle a continué de grandir depuis. Face à cette augmentation, écrit la MRIE dans son dossier 2012, *« Trois paramètres permettent de survivre : le recours aux associations et à l'aide alimentaire qu'elles distribuent qui n'est en fait qu'un complément de ressources en nature, le renoncement aux soins, aux vacances, à une vie relationnelle et enfin le recours au crédit. »*

Dans son rapport *Ressources, crise et pauvreté* de 2009, le Secours catholique analyse la situation budgétaire de 1 163 personnes ou familles rencontrées, pour en déduire que le solde de chacune est négatif en fin de mois après déduction des dépenses indispensables et conclure que d'autres dépenses ne peuvent être financées que par un endettement : frais de santé non-remboursés, entretien du logement et d'un véhicule, loisirs, culture, vacances, les imprévus (pannes, déplacements en urgence, sorties scolaires...).

Pour ce qui est de la précarité énergétique, 3,8 millions de ménages ont un taux d'effort énergétique (part de l'énergie dans leur budget) supérieur à 10 % et 3,5 millions déclarent souffrir du froid dans leur logement[3].

Pour ce qui concerne l'évolution du nombre de ménages surendettés (c'est-à-dire qui ne peuvent pas

---

3. Isolde Devalière, Pierrette Briant, Séverine Arnault, « La précarité énergétique : avoir froid ou dépenser trop pour se chauffer », *Insee Première*, mai 2011.

faire face à l'ensemble de leurs dettes non professionnelles), le nombre de dossiers déposés est passé de 165 493 en 2003 à 232 508 en 2011[4].

> *« Beaucoup de pauvres ressemblent à des enfants par l'ignorance, l'imprévoyance, la légèreté. Comme les enfants, ils ont besoin quelquefois de sentir la correction et la rémunération. »*
> (Joseph-Marie de Gérando, 1826)

19 *« Les pauvres ne savent pas gérer un budget »*

▶ **Faux.**

On entend souvent dire que les personnes confrontées à la pauvreté ne savent pas économiser, qu'elles font des dépenses inutiles et s'endettent. La première chose à faire serait donc de les éduquer à tenir un budget.

Dans son rapport déjà cité, le Secours catholique constate l'importance de la précarité financière des familles interrogées et conclut au contraire que les personnes *« développent bien d'autres ressources pour vivre, des compétences dans de multiples domaines, en particulier celui de la gestion quotidienne, des savoir-faire, avec une énergie et une ténacité que l'on ne soupçonne pas. Cependant, ces compétences et ces qualités ne sont pas toujours reconnues et la pauvreté est souvent, à tort,*

---

4. Voir données de la Banque de France.

liée à de l'incompétence, de l'ignorance ou de la négligence. La reconnaissance de ces savoir-faire et leur valorisation devraient être une des priorités pour changer le regard porté sur ces personnes. L'appartenance à un réseau, ou plus largement à un groupe, familial, amical, de voisinage ou associatif, représente une ressource non monétaire de grande importance. »

Dans son rapport annuel 2011, la Mission régionale d'information sur l'exclusion en Rhône-Alpes (MRIE) observe également que « *pour s'en sortir face à des budgets de plus en plus restreints, les personnes en situation de précarité doivent faire preuve d'une certaine expertise. Il faut constamment calculer, comparer les prix, faire attention aux promotions, connaître les bonnes adresses de magasins discount ou de déstockage, avoir recours aux épiceries sociales, utiliser des bons de réductions, arbitrer entre l'utile et le nécessaire.* »

Dans une interview vidéo réalisée par le Secours catholique[5], Marie-France Zimmer, militante d'ATD Quart Monde, témoigne. Elle perçoit un salaire de 500 euros et un complément de RSA de 190 euros. Elle a refusé le découvert de 200 euros proposé par sa banque et explique comment elle gère son budget : « *Je paie mes factures et je divise ce qu'il me reste par le nombre de semaines du mois. Comme ça, je sais que je peux dépenser 25 à 30 euros par semaine.* » Ailleurs, une autre mère de famille dit : « *Je tiens un cahier où j'écris tout ce que je dépense. Je mets la date, la nature de l'achat, le prix et je fais le solde. Je fais des choix, le premier choix c'est pour*

---

5. Voir http://bit.ly/TsEdAW (consulté en mai 2013).

mon fils quand il veut et que je peux[6]*.* » Dans un autre témoignage[7], Marie-France explique : « *En réalité, on gère comme on peut quelque chose qui est ingérable, et souvent mieux que ceux qui ont des revenus importants.* »

Pour conclure, signalons que les associations Crésus[8] (Chambre régionales du surendettement social) constatent que l'« *illettrisme de l'argent* », c'est-à-dire l'incapacité à gérer un budget familial, touche toutes les classes sociales, et que les ménages surendettés perçoivent en général des salaires et ne sont pas les plus pauvres.

20 *« Les pauvres ont des écrans plats et des téléphones portables »*

▶ **C'est vrai. Mais il est erroné de croire que les gens ne sont pas pour autant confrontés à une grande précarité.**

Le tableau ci-dessous concerne l'ensemble des personnes « *pauvres en conditions matérielles* » en 2007 dans différents pays d'Europe. On constate que très peu d'entre elles ne possèdent pas de téléphone (plus souvent portable que fixe) et de TV couleur. La diffusion de ces deux objets s'est tellement répandue dans toutes les couches de la population, y compris celles qui connaissent la grande précarité, qu'ils ne sont plus vraiment un signe de richesse ou de pauvreté.

---

6. Rapport 2011 *Promotion familiale sociale et culturelle Lille-Fives*, ATD Quart Monde.
7. Voir *Feuille de route Quart Monde*, janvier 2013.
8. www.cresusalsace.org (consulté en mai 2013).

Pauvreté en conditions de vie en France et privations matérielles dans les pays de l'Union européenne

	Impossibilité de manger de la viande au moins un jour sur deux	Ne possède pas :			
		Lave-linge	TV couleur	Télé-phone	Voiture
Autriche	59,9	3,3	2,5	1,8	41,6
Belgique	24,5	12,3	2,3	1,5	41,7
Chypre	22,4	2,0	0,6	0,5	5,0
République tchèque	59,7	2,7	2,2	6,5	52,6
Allemagne	61,8	2,7	2,7	2,1	28,1
Danemark	28,1	16,1	7,6	0,0	62,3
Estonie	33,2	18,5	3,3	7,2	74,0
Espagne	18,3	1,9	1,0	2,6	30,2
Finlande	26,4	13,7	9,1	1,2	48,9
France	43,4	6,3	1,2	5,3	21,2

Source : Pascal Godefroy et Sophie Ponthieux (Insee), Travaux de l'Onpes 2009-2010, *p. 311.*

« Avec les téléviseurs chinois bon marché, les pauvres peuvent s'offrir la télévision – et, en général, les habitants des villages déshérités d'Inde et de Chine l'ont aussi, confirme Joseph Stiglitz. *Dans le monde actuel, ce n'est pas un signe de richesse*[9]. »

---

9. Joseph Stiglitz, *op. cit.*, p. 64.

On voit bien par contre que le fait de posséder une voiture ou de manger de la viande, par exemple, est un indicateur de pauvreté (plus ou moins important selon le pays). On pourrait se dire que les familles en difficulté feraient mieux de manger de la viande, de se chauffer (ou de payer leurs factures !) plutôt que d'acheter une télé et un téléphone portable... À cela, Joseph Stiglitz répond, *« vendre le téléviseur ne mènera évidemment pas bien loin un ménage pour financer des dépenses comme l'alimentation, les soins médicaux, le logement ou l'accès aux bonnes écoles*[10]. » Il ajoute que l'on ne peut éluder aussi la question du bien-être lié à l'acte de consommer. Si la télévision procure des moments de bonheur, de quel droit en priverait-on ceux qui ont le moins accès au bien-être ? Plus prosaïquement, sans téléphone portable, comment chercher un emploi, etc. ?

10. *Ibid.*, p. 412.

Récit. Des rencontres qui font tomber les idées fausses.

Myriam Grutter est avocate en Suisse. Un jour, Annelise, volontaire permanente d'ATD Quart Monde, lui demande de prendre la défense d'un couple. Parce qu'il vit dans une situation sociale très précaire, la garde de leur enfant qui vient de naître lui a été enlevée par le juge. L'avocate rencontre Nelly Schencker, membre d'ATD Quart Monde qui vit elle-même la misère, en compagnie du couple et d'un ami, Monsieur Braun. Celui-ci parle beaucoup, semble manquer de logique. *« Si Annelise ne m'avait pas dit que c'était grâce à lui que nous connaissions l'affaire, je lui aurai demandé de se retirer »*, reconnaît l'avocate. Peu à peu, elle comprend que la connaissance qu'a Monsieur Braun des relations dans leur village et l'expérience de Nelly Schencker deviennent essentielles à la défense du dossier. De plus, sans eux deux, *« la communication entre la famille et moi n'aurait pas fonctionné. »* Le couple connaît la grande misère, l'exclusion et la peur. Personne ne lui a jamais fait confiance. *« J'aurais pu aider les parents à rédiger un texte qu'ils auraient signé et envoyé eux-mêmes. Mais cela n'aurait pratiquement eu aucun poids »*, reconnaît Myriam Grutter. Lors de l'audience, en effet, le quasi-mutisme du couple ne lui donnait aucune chance de se faire entendre. Alors que Monsieur Braun ébauche des solutions que l'avocate juge irréalistes, Annelise attire son attention sur son don d'observation. *« J'ai alors commencé à l'écouter attentivement,* indique Myriam Grutter, *et j'ai remarqué combien il réagissait de manière sensible à l'injustice. J'ai pris conscience de son aptitude à analyser tout en finesse, à saisir les rapports de force entre les parties. »* Ces rencontres ont changé sa manière de construire sa défense quand ses clients vivent la grande pauvreté.

Note : Ce récit est extrait de Jona M. Rosenfeld, Bruno Tardieu, *Artisans de démocratie, de l'impasse à la réciprocité*, Paris, Les Éditions de l'Atelier / Éditions Quart Monde, 1998.

Sur le travail

21 « Les pauvres ne veulent pas travailler »

▶ **Au contraire, une majorité souhaite travailler.**

Alexis de Tocqueville écrivait en 1835 dans son *Mémoire sur le paupérisme* : « *L'homme, comme tous les êtres organisés, a une passion naturelle pour l'oisiveté.* [...] *Toute mesure qui fonde la charité légale sur une base permanente et qui lui donne une forme administrative crée donc une classe oisive et paresseuse, vivant aux dépens de la classe industrielle et travaillante.* »

La variante actuelle de cette formulation est de dire que la protection sociale en France est tellement développée qu'elle crée des « *trappes à inactivité* », décourage les bénéficiaires de minima sociaux de reprendre un emploi et encourage le « *cercle vicieux de l'inactivité* ».

Pourtant, le rapport de l'Onpes *Penser l'assistance*[1] (mai 2013) montre que ces représentations sont erronées et que plus des deux tiers des personnes en situation de pauvreté sont en emploi ou en recherche d'emploi.

L'enquête « *L'influence des incitations financières sur le retour à l'emploi des bénéficiaires de minima sociaux* » menée en 2009 par la Direction générale du trésor

---

1. Voir p. 83 à 89.

montre que la valeur accordée au travail, l'espoir placé en des gains ultérieurs et la volonté d'assurer le meilleur avenir possible à leur famille conduisent la plupart des bénéficiaires à accepter la reprise d'un emploi, même sans gain financier immédiat. Les principaux freins évoqués pour la reprise d'un travail sont le manque d'emplois, de moyens de transport, de formations adaptées[2], de modes de garde accessibles, les problèmes de santé, etc.

Une étude européenne coordonnée par Duncan Gallie en 2000 et que l'économiste Jean Gadrey cite sur son blog[3] va dans le même sens, ainsi que l'étude de la MRIE *RSA et pauvreté* en 2012[4].

L'étude *Le RSA, innovation ou réforme technocratique ? Premiers enseignements d'une monographie départementale* de Bernard Gomel et Dominique Méda[5] montre que ces constats sont bien antérieurs à la création du RSA qui repose pourtant sur le principe unique de l'incitation financière – alors que moins de 1 % des allocataires de minima sociaux interrogés dans

---

2. Ce sont les personnes qui ont le plus besoin de formation qui en bénéficient le moins. Un tiers des personnes ayant un diplôme du supérieur déclare avoir suivi au moins une formation au cours des douze derniers mois, alors que ce n'est le cas que d'une personne non diplômée sur dix (*« Bilan formation-emploi »*, novembre 2011, Insee, www.insee.fr/fr/themes/detail.asp?ref_id=form-emploi&reg_id=0).

3. http ://bit.ly/wYVO4W (consulté en mai 2013).

4. Voir p. 15 à 19.

5. Bernard Gomel, Dominique Méda, *Le RSA, innovation ou réforme technocratique ? Premiers enseignements d'une monographie départementale*, Centre d'études de l'emploi, novembre 2011, p. 22.

le cadre d'une étude réalisée en 2008 signalait la faible incitation financière comme un obstacle à la reprise d'un emploi.

Dire que les personnes en grande précarité ne veulent pas travailler (tout comme prétendre qu'elles réclament des droits, mais n'assument pas leurs devoirs – voir l'idée reçue n° 16) évite aux responsables politiques et économiques de s'interroger sur le cruel manque d'emploi dans notre pays et sur les freins à la reprise d'emploi évoqués un peu plus haut.

> *« Nous devons être gouvernés par les meilleurs... ceux qui possèdent une propriété, qui sont attachés à la tranquillité qui la conserve et qui doivent à cette propriété et à l'aisance qu'elle donne l'éducation qui les a rendus propres à discuter avec sagacité et justesse... Si vous donnez à des hommes sans propriété les droits politiques..., ils nous précipiteront dans ces convulsions violentes dont nous sortons à peine. »*
>
> (François-Antoine de Boissy d'Anglas, 1795)

22 *« Si l'on veut travailler, on trouve »*

▶ **Faux, la situation n'est pas si simple.**

Il est vrai que quelques dizaines de milliers d'offres d'emplois ne sont pas pourvues chaque année, pour différentes raisons qui peuvent toucher à l'éloignement géographique, à la durée trop courte du travail proposé, etc. Mais, dans l'état actuel du marché de l'emploi (entre trois et cinq millions de chercheurs d'emplois en France en 2012, selon la catégorie que l'on considère[6]), il est un peu rapide de prétendre qu'il est facile de trouver du travail. De plus, certaines personnes restées depuis longtemps sans travail ont besoin d'être particulièrement soutenues pour revenir à l'emploi. Elles rencontrent par ailleurs des freins à la reprise d'un travail souvent méconnus (voir l'idée reçue n° 21).

« Quand on les interroge, confirme l'Onpes dans son rapport *Penser l'assistance*[7], *les personnes en situation de pauvreté espèrent majoritairement trouver un emploi et améliorer leur niveau de vie, tout en devenant autonomes. Toutefois, beaucoup d'entre elles rencontrent des obstacles pour y parvenir : formation insuffisante, problèmes de santé ou de mobilité, d'enfants à charge, enfin – et surtout – absence d'emplois accessibles localement. Une littérature abondante a analysé les comportements discriminatoires de certains employeurs par rapport au lieu d'habitation ou à l'origine ethnique des candidats. On peut penser que le fait de percevoir des prestations d'assistance aboutit au même type de "signalement". »*

---

6. Et même davantage, puisque près de 20 % des chômeurs ne sont pas inscrits à Pôle Emploi (Voir Odenore, *L'Envers de la « fraude sociale »*, *op. cit.*, p. 151).
7. Voir p. 88-89.

Sur la Sécurité sociale et la santé

23 « Les pauvres sont des fraudeurs »

▶ **Faux. Ils fraudent beaucoup moins que les autres.**

Il ne s'agit pas de nier la fraude aux prestations sociales, ni la nécessité de lutter contre elle. Mais elle est très faible par rapport aux autres types de fraudes – notamment la fraude fiscale –, auxquels les discours stigmatisants s'intéressent beaucoup moins.

Précisons que les différents types de fraudes évoqués dans les tableaux suivants peuvent être le fait de n'importe quel citoyen, sauf la fraude au RSA qui concerne les personnes ayant des ressources très faibles.

Montant des fraudes *estimées*

Secteur concerné	Fraude estimée	Total des prestations versées ou des montants collectés	Par rapport au total des montants alloués ou collectés
Prestations familiales CAF [1]	698 millions		1,2 %

1. *Lutte contre la fraude, bilan 2011*, Délégation nationale à la lutte contre la fraude (consulté en mai 2013).

Secteur concerné	Fraude estimée	Total des prestations versées ou des montants collectés	Par rapport au total des montants alloués ou collectés
Sécurité sociale [2] (famille, maladie, vieillesse)	2 à 3 milliards	400 milliards	Moins de 1 %
TVA [3]	10 à 11 milliards	130 milliards [4]	Environ 8 %
Travail au noir des entreprises [5]	entre 15,5 et 18,7 milliards	250 milliards	Entre 6,2 et 7,5 %
Impôt sur le revenu	15 à 19 milliards [6]	50 milliards [7]	30 à 38 %

Voici pour information quelques montants de fraudes effectivement *détectées*.

---

2. www.atlantico.fr/decryptage/fraude-sociale-prestations-prelevements-161714.html (consulté en mai 2013).
3. Voir la communication de la Cour des comptes à la Commission des Finances de l'Assemblée nationale annexée au rapport d'information de la Commission des finances de l'Assemblée nationale, *La gestion et le contrôle de la TVA*, mars 2012.
4. www.vie-publique.fr/decouverte-institutions/finances-publiques/ressources-depenses-etat/ressources/quels-sont-differents-impots-percus-par-etat.html (consulté en mai 2013).
5. Voir le rapport de la Délégation nationale à la lutte contre la fraude, *Lutte contre la fraude, bilan 2011*, mai 2012.
6. Voir le rapport du syndicat national Solidaires Finances Publiques « Évasions et fraudes fiscales, contrôle fiscal », janvier 2013.
7. www.vie-publique.fr/decouverte-institutions/finances-publiques/ressources-depenses-etat/ressources/quels-sont-differents-impots-percus-par-etat.html (consulté en mai 2013).

Montant des fraudes *détectées*

Fraude au RSA	60 millions d'euros en 2009 (source Cnaf)
Fraude à l'assurance-maladie par les professionnels de santé	120 millions d'euros en 2010 (source DNLF[8])
Travail non déclaré par les entreprises	190 millions en 2010, 220 en 2011, 260 en 2012 (DNLF)
Fraude douanière	369 millions en 2010, 363 en 2011 (DNLF)
Fraude fiscale	2,485 milliards en 2010, 2,989 en 2011 (DNLF)

60 millions d'euros de fraude au RSA en 2009 pour environ deux millions de bénéficiaires, cela représente en moyenne 30 euros par personne et par an. *« La fraude des pauvres est une pauvre fraude »*, estime le Conseil d'État en février 2011[9].

Dernier point : en face de ces 4 milliards de fraude estimée aux prestations sociales, alignons les montants estimés des *non-recours* à ces mêmes prestations : 5,3 milliards pour le RSA, 4,7 milliards pour les prestations familiales et le logement, 828 millions pour l'allocation personnalisée d'autonomie (APA)..., soit, au total, environ 11 milliards *« économisés »* chaque année par l'État parce que, pour différentes raisons, une partie des personnes qui ont droit à ces prestations

8. Voir le rapport de la Délégation nationale à la lutte contre la fraude, *Lutte contre la fraude, bilan 2011, op. cit.*.
9. Voir les entretiens « Fraude et protection sociale », *in Droit social*, n° 5, mai 2011.

ne les sollicitent pas[10]. Au bout du compte, malgré la fraude, l'État est donc gagnant d'environ 7 milliards d'euros à l'année sur les prestations sociales ! Les *« discours* [stigmatisants sur la fraude sociale des particuliers] *ont pour effet de culpabiliser les ayants droit, entraînant ainsi des non-recours et donc des non-dépenses »*, estime l'Odenore, qui ajoute : *« Mais quel est donc l'horizon recherché dès lors que les discours sur la fraude instillent l'idée que, si ces prestations ne relèvent pas d'un droit – parce qu'elles sont forcément soumises à des abus ou des fraudes –, les prélèvements qui les financent ne peuvent être considérés comme un devoir*[11] *? »*.

24 *« Les bénéficiaires de la CMU en profitent pour faire des soins de confort »*

Faux. Leur consommation de soins est légèrement supérieure, mais leur état de santé est moins bon.

Denis Raynaud, chercheur, observe[12] que les dépenses de soins moyennes s'établissent en 2000 à 1 627 euros pour les bénéficiaires de la CMU, soit 13 % de plus que pour d'autres personnes assurées au régime général (1 443 euros), les bénéficiaires de la CMU étant un peu plus jeunes en moyenne que les non-bénéficiaires. Si l'on compare à âge équivalent, cet écart atteint

10. Voir Odenore, *L'Envers de la « fraude sociale »*, *op. cit.*
11. *Ibid.*, p. 37 et 42.
12. Denis Raynaud, « L'impact de la CMU sur la consommation individuelle de soins », *Études et résultats*, n° 229, mars 2003.

30 %. Il s'explique principalement non par une consommation de soins injustifiée, mais par un état de santé moins bon chez les bénéficiaires, lié en partie à l'insuffisance de la prévention et au retard mis à se soigner du fait de l'absence de moyens financiers (voir aussi l'idée reçue n° 73).

À état de santé égal, les dépenses des bénéficiaires de la CMU sont semblables pour les dépenses hospitalières à celles des autres assurés complémentaires et ne sont supérieures que de 14 % pour les dépenses sans hospitalisation.

25 *« Les pauvres consomment beaucoup d'alcool et de tabac »*

▶ **Pas si évident.**

Pour ce qui est du tabac, les études montrent que les personnes en situation de précarité fument davantage que la moyenne. La revue *Regard Santé*, s'appuyant sur des chiffres de l'Institut national de prévention et d'éducation pour la santé (INPES), note en octobre 2009 que *« la cigarette est fréquemment utilisée pour gérer le stress et l'anxiété, et cet usage "anxiolytique" du tabac semble plus répandu dans les milieux défavorisés. Certains travaux suggèrent d'ailleurs que pour des fumeurs en situation de grande précarité, la cigarette est considérée comme un produit de première nécessité, car elle seule permet de "tenir le coup".* » Le budget consacré au tabac est relativement plus élevé pour les personnes confrontées à la pauvreté que pour les autres.

Cependant, pour l'Insee, le budget tabac + alcool des 10 % des ménages les moins fortunés représente 3 % de leurs dépenses totales (soit 525 euros par an), c'est-à-dire le même pourcentage qu'y consacre la moyenne des ménages (pour un montant de 704 euros par an) [13]. Les personnes aux plus bas revenus consomment sans doute des cigarettes et des alcools moins chers que la moyenne des ménages et il est donc difficile de comparer précisément les quantités consommées. Reste que le budget alcool + tabac d'un ménage appartenant aux 10 % les moins fortunés est en moyenne de 525 euros par an et donc moins de 1,50 euros par jour.

13. Voir l'enquête sur le budget des familles en 2006, citée dans le rapport du CNLE, *Pour une mise en œuvre du droit à des moyens convenables d'existence. Analyse établie autour du concept de « reste à vivre »*, juin 2012.

Sur les enfants

26 *« Les pauvres sont incapables d'élever leurs enfants »*

► **Pas si simple. C'est aussi la dureté des conditions de vie qui atteint les capacités éducatives des parents.**

On entend souvent dire que les parents qui connaissent la précarité sont *« démissionnaires »*, qu'ils ne sont pas capables d'éduquer leurs enfants, qu'ils les maltraitent et qu'ils sont incapables d'éviter qu'ils ne tombent dans la délinquance.

En réalité, le rapport *Accueils provisoires et placements d'enfants et d'adolescents : des décisions qui mettent à l'épreuve le système français de protection de l'enfance et de la famille* présenté en 2000 par Pierre Naves et Bruno Cathala constatait que des enfants confrontés à la pauvreté subissaient relativement peu de maltraitances, mais davantage de *« carences éducatives »* du fait de la précarité qui avait *« des conséquences sur la qualité des relations parents-enfants qu'il est difficile d'apprécier précisément »*.

Les parents en grande précarité ne sont pas moins aimants que d'autres. Ils sont confrontés à certaines difficultés avec leurs enfants, comme tous les parents. Mais ces difficultés sont renforcées pour eux par la dureté des conditions de vie. Le rapport Naves-Cathala note par exemple que *« le logement, sa stabilité, sa conformation, est un élément essentiel dans le bien-être des parents et des enfants. »*

Des recherches menées par le sociologue Laurent Mucchielli[1], entre autres sur le lien entre le milieu familial et la délinquance, montrent que cette dureté des conditions de vie est le facteur le plus déterminant, affectant les relations familiales et les capacités éducatives des parents.

Un autre problème, estime ce sociologue, est l'inégalité des recours possibles des familles face aux difficultés : *« Quand des classes sociales moins favorisées se trouvent en situation de détresse par rapport à leurs enfants, elles ont souvent moins de moyens pour y remédier : moins de moyens financiers, de ressources juridiques, de temps, etc. Dans les milieux aisés, on va voir un psy, on paie des cours, un avocat, etc.*[2] *»*

27 *« Les pauvres sont plus souvent que les autres des délinquants sexuels »*

▶ **Faux.**

Les violences sexuelles ne sont pas plus nombreuses en milieu de pauvreté qu'ailleurs[3].

1. Voir www.laurent-mucchielli.org (consulté en mai 2013).
2. Stéphanie Barzasi, Alexandre Dubuisson, « Des parents fragiles mais responsables », *Convergences*, n° 309, décembre 2010.
3. Bien qu'elles soient plus détectées et médiatisées. Voir l'article de Laurent Mucchielli sur www.inegalites.fr/spip.php?article1528 (consulté en mai 2013).

Analysant le tableau ci-dessous, Nathalie Bajos et Michel Bozon s'interrogent : *« La violence sexuelle est-elle plus fréquente dans certains milieux ? Les fréquences avant 18 ans ne varient guère en fonction de la catégorie sociale, le pourcentage le plus élevé se rencontrant chez les filles de cadres : 10 %. La fréquence des rapports forcés ou des tentatives subis après 18 ans varie de 6 % à 10 % selon la position sociale personnelle des femmes (alors qu'elle ne varie pas chez les hommes), avec des chiffres un peu plus élevés chez les cadres et chez les artisanes-commerçantes. Tant à l'âge adulte que pendant l'adolescence, la violence sexuelle est donc déclarée par des personnes de toutes les catégories*[4]. »

Proportion (en %) de personnes ayant subi des rapports forcés ou des tentatives selon la catégorie socioprofessionnelle

Profession du père (si l'agression a eu lieu avant 18 ans) ou profession de la personne (si l'agression a eu lieu après 18 ans)	**Premiers rapports forcés ou tentatives**	
	Avant 18 ans	**Après 18 ans**
Femmes		
Agriculteurs/Agricultrices	7,5	8,4
Artisan-e-s, commerçant-e-s	8,1	11,3
Cadres, professions intellectuelles	10,0	10,5
Professions intermédiaires	7,2	8,0
Employés	8,8	6,8
Ouvriers qualifiés	8,0	6,1
Ouvriers non qualifiés	9,0	7,2
Ne sait pas	17,0	-
Ensemble	**8,8**	**7,4**

4. Nathalie Bajos, Michel Bozon, « Les violences sexuelles en France : quand la parole se libère », *Populations et sociétés*, n° 445, mai 2008.

Profession du père (si l'agression a eu lieu avant 18 ans) ou profession de la personne (si l'agression a eu lieu après 18 ans)	Premiers rapports forcés ou tentatives	
	Avant 18 ans	Après 18 ans
Hommes		
Agriculteurs/Agricultrices	0,6	0,0
Artisan-e-s, commerçant-e-s	3,5	1,9
Cadres, professions intellectuelles	3,5	1,9
Professions intermédiaires	3,3	2,1
Employés	2,8	1,9
Ouvriers qualifiés	2,3	1,3
Ouvriers non qualifiés	2,6	1,3
Ne sait pas	6,4	-
Ensemble	**2,8**	**1,6**
Champ : Personnes de 18 à 69 ans.		

Source : Enquête CSF, 2006, Inserm/Ined.

Sur la fiscalité et les impôts

> *« Tous [les] membres [du sous-prolétariat] éprouvaient le besoin de vivre aux dépens de la nation qui travaille. »*
> (Karl Marx, *Le 18 Brumaire de Louis Bonaparte*, 1852)

28 *« Les pauvres ne paient pas d'impôts »*

▶ **Faux. Ils participent comme les autres citoyens à la moitié des recettes fiscales de l'État.**

Si elles échappent à l'impôt sur le revenu, les personnes en situation de pauvreté paient comme les autres la TVA (48,3 % des recettes fiscales de l'État en 2010) et les taxes sur les alcools et le tabac (9,1 %) [1].

Le taux moyen d'imposition (impôts directs et indirects) des 10 % les moins riches est d'environ 40 %, celui des 0,1 % les plus riches d'environ 37 %, et celui des revenus moyens de 45 à 48 % [2]. Précisons que pour les

---

1. La TVA est un impôt socialement injuste puisqu'elle fait contribuer chacun en fonction non pas de ses revenus, mais de sa consommation (y compris de produits de première nécessité).
2. Voir les calculs effectués par les économistes Emmanuel Saez, Camille Landais et Thomas Piketty à partir des données Insee : www.revolutionfiscale.fr (consulté en mai 2013).

plus hauts revenus, les taux réels d'imposition sont souvent très inférieurs aux taux affichés, à cause des niches fiscales. Grâce à elles, une partie des plus hauts revenus échappe à une part de l'imposition.

Il est vrai que les familles aux plus faibles revenus peuvent être exonérées de la taxe d'habitation et de la redevance TV, mais il faut effectuer beaucoup de démarches avant d'obtenir ces exonérations et il faut les renouveler régulièrement.

Sur l'école

29 « Les parents pauvres se désintéressent de l'école »

▶ **Faux.**

Les parents confrontés à la pauvreté fondent au contraire de grands espoirs pour leurs enfants dans l'école, mais ceux-ci sont parfois rapidement déçus. Pour ces parents, avant même que l'enfant n'entre à l'école, il y a déjà la peur de le voir revivre ce qu'eux-mêmes ont vécu. Parents et enfants abordent donc l'école avec, à la fois, beaucoup d'espoirs et d'appréhensions.

Le fossé culturel entre l'école et les familles en situation de précarité est très important. Il existe une peur réciproque entre ces familles et les enseignants, de nombreux parents ne se sentent pas accueillis à l'école.

Par ailleurs, 80 % des mères non diplômées s'estiment dépassées pour aider leurs enfants dans leurs études au collège, contre 26 % seulement des mères diplômées de l'enseignement supérieur[1].

---

1. Voir l'enquête de l'Insee, *L'aide aux devoirs apportée par les parents*, 2004.

30 *« Les enfants pauvres sont moins aptes que les autres »*

▶ Faux. Ils ont plus de difficultés au départ mais il n'y a pas de fatalité.

Dans son Avis *Les inégalités à l'École*[2], le Conseil économique, social et environnemental (CESE) écrit en 2011 : *« Les difficultés de départ des élèves à l'école élémentaire restent étroitement corrélées à la situation sociale de leurs familles... Les résultats aux évaluations à l'entrée au Cours préparatoire sont déjà très différenciés socialement et les enfants de milieux sociaux favorisés et/ou dont les parents sont très diplômés progressent davantage pendant leur scolarité primaire. Seulement 24 % des enfants d'ouvriers et d'inactifs parviennent en 6e sans redoublement alors que c'est le cas de 65 % des enfants de cadres, d'enseignants et de chefs d'entreprise... Le collège aggrave encore ces inégalités liées à l'origine sociale des élèves et, surtout, il les révèle au grand jour, au moment où les élèves entrent dans l'adolescence et se rapprochent des premiers choix d'orientation. »*

Dans son rapport du même nom[3], le CESE explique que *« les enfants originaires des milieux sociaux les plus favorisés ou ceux dont les parents sont les plus diplômés progressent davantage, si bien que les inégalités sociales se creusent au fur et à mesure de l'avancée de la scolarité*

---

2. Voir www.lecese.fr/travaux-publies/les-inegalites-lecole (consulté en mai 2013).
3. Voir www.lecese.fr/travaux-publies/les-inegalites-lecole (consulté en mai 2013).

élémentaire. Le niveau de diplôme des parents (particulièrement celui de la mère) et, de manière plus globale, les possibilités d'encadrement de la scolarité par les familles revêtent une importance au moins aussi grande que leur situation socio-économique stricto sensu. »

Mais le lien entre pauvreté et échec scolaire n'est pas fatal : dans la plupart des autres pays développés, il est moins élevé qu'en France, en particulier au Canada, en Finlande, au Japon, au Portugal ou en Chine[4].

Pour casser ce lien, il faut agir au plus tôt, dès la maternelle, car les acquis et les retards scolaires présentent un caractère fortement cumulatif, et mettre en œuvre des pédagogies participatives et coopératives qui permettent à tous les élèves de mieux réussir.

Récit. Des rencontres qui font tomber les idées fausses.

Alors que je préparais un doctorat d'ingénieur, j'ai voulu me rendre utile dans un quartier défavorisé de Créteil en animant une bibliothèque de rue. J'y rencontre Éric Viney, neuf ans, dont le père est cantonnier municipal et ne sait ni lire ni écrire. Éric non plus ne sait ni lire, ni écrire. Il est déjà dans une filière spéciale. Il fréquente un club d'échec créé par une habitante du quartier, Maud Désandré, et, à ma grande stupéfaction, il me bat trois fois de suite ! Jusque-là, je pensais que si quelqu'un ne réussissait pas à l'école, c'est qu'il n'était pas intelligent. Moi qui me croyais intelligent, me faire battre aux échecs par un enfant qui échoue à l'école !... Ça ne collait pas du tout ! Je croyais que ceux qui réussissaient à l'école le faisaient grâce à leurs capacités et que ceux qui échouaient n'en avaient pas. Du

4. Voir l'étude PISA 2009. Les études PISA (Programme international pour le suivi des acquis des élèves) sont publiées par l'Organisation de coopération et de développement économique (OCDE).

coup, si Éric et ses parents vivaient dans une cité de transit, c'était dû à leurs manques de capacités intellectuelles. Tout s'expliquait. Et beaucoup de travaux prétendument sérieux renforçaient cette conviction*. Mais ma défaite aux échecs face à Éric taillait en pièce cette théorie. À l'époque, Joseph Wresinski, fondateur d'ATD Quart Monde, avait lancé un défi pour que dans dix ans *« il n'y ait plus aucun illettré dans nos cités. »* Le père d'Éric le releva en tentant d'apprendre à lire et à écrire à raison d'une séance par semaine. Il échoua, mais Éric réussit à le faire en deux mois. Il avait onze ans. Je découvrais d'autres raisons à l'échec scolaire.

Quand il a su que mon père était médecin, il a voulu le devenir aussi. Il n'a pu accéder à son rêve, mais il a un emploi stable dans une école. On aurait pourtant besoin de médecins ayant sa sensibilité !

Ma rencontre avec Éric et sa famille m'a décidé à quitter un parcours de chercheur pour m'engager dans le volontariat permanent du mouvement ATD Quart Monde et être chercheur autrement. Et trente ans après, il continue à me piler aux échecs et mon fils subit le même sort !

BRUNO TARDIEU

* Voir par exemple *Bell Curve: intelligence and class structure in american life*, Richard Herrnstein and Charles Murray, Free Press, 1994, qui tente de prouver que les pauvres sont moins intelligents que les autres. Ses statistiques ont été formellement réfutées depuis, en particulier par Christopher Winship à l'université d'Harvard.

31 *« Les enfants d'immigrés sont plus en échec scolaire que les autres »*

▶ **Pas si simple. C'est vrai, mais parce qu'ils appartiennent à des milieux sociaux en moyenne plus défavorisés. À milieu équivalent, ils ont de meilleurs résultats.**

C'est vrai, entre 50 et 55 % seulement des enfants dont la famille est originaire du Maghreb, d'Afrique subsaharienne ou du Portugal obtiennent le bac, contre 64,2 % pour les enfants de famille non-immigrée, selon le ministère de l'Éducation[5].

Ces écarts ne tiennent pas à l'origine immigrée des enfants, mais à leur milieu social plus défavorisé que la moyenne des élèves français. En effet, si l'on ne considère que les enfants dont aucun des parents n'a eu le bac, les écarts sont quasiment nuls entre enfants immigrés et non-immigrés pour l'obtention du bac général ou technologique.

« À niveau social égal, confirme le Conseil économique, social et environnemental (CESE)[6], *les descendants d'immigrés ne sont pas en moyenne plus touchés par l'échec scolaire et les sorties sans diplôme que le reste de la population. L'appartenance de la plupart de ces élèves à des familles à bas revenu et dont les membres adultes ont un faible niveau d'éducation explique, pour l'essentiel, leur moindre réussite à l'école. Les élèves issus de l'immigration connaissent plus souvent l'échec, avant tout parce qu'ils appartiennent à des milieux socialement moins favorisés. »*

---

5. Voir l'étude « Pourquoi les enfants d'immigrés réussissent mieux à l'école que les autres » sur le site www.inegalites.fr (consulté en mai 2013).
6. Xavier Nau, *Les inégalités à l'école*, avis du CESE, 2011.

Sur le logement

32 *« Les "ménages Dalo" n'apportent que des problèmes dans les immeubles »*

► **Faux. Il n'y a pas de « ménages Dalo ».**

Dans son 4e rapport en décembre 2010 [1], le Comité de suivi de la mise en œuvre du Droit au logement opposable (Dalo) explique qu'il n'existe pas de profil type des bénéficiaires du Dalo : *« Il y a simplement des personnes ou des familles qui sont en difficulté de logement et utilisent une voie de recours qui leur a été ouverte par le législateur. Dans le contexte de crise du logement de certains territoires, le fait d'avoir à un moment donné besoin de ce recours n'est en rien synonyme de difficultés sociales ou d'intégration. Une analyse du profil des requérants Dalo parisiens a fait apparaître une répartition des compositions familiales et des catégories socio-professionnelles proches de celles de l'ensemble des demandeurs de logements sociaux (Étude DREIF présentée aux États généraux du logement en Île-de-France). Rappelons d'ailleurs que, au-delà des personnes non logées ou mal logées, le Dalo concerne tout demandeur de logement social qui n'a pas reçu d'offre dans un délai considéré comme "anormale-*

---

1. Voir www.hclpd.gouv.fr/le-comite-de-suivi-a39.html (consulté en mai 2013).

ment long". Rappelons aussi que – fort heureusement – des ménages pauvres ou en difficulté sociale sont logés sans avoir fait un recours Dalo. »

33 « La violence règne beaucoup plus dans les banlieues populaires qu'ailleurs »

Pas si simple.

Des faits de violence surgissent régulièrement dans certains quartiers de grandes villes, qui sont souvent qualifiés de *« zones de non droit »*, où même les pompiers et la police craignent de s'aventurer. Beaucoup d'habitants de ces quartiers souffrent de ce climat d'insécurité et il faut le combattre de différentes manières, y compris par la prévention et l'éducation.

Mais il est faux de croire que ce climat d'insécurité concerne l'ensemble des quartiers *« populaires »* ou *« défavorisés »*. Ainsi, l'Observatoire national des zones urbaines sensibles (ONZUS) fait apparaître dans son rapport 2012 que les atteintes aux biens ont été moins nombreuses en 2011 dans ces zones qu'ailleurs dans leurs circonscriptions (excepté les incendies volontaires), et que les atteintes aux personnes n'ont pas été sensiblement plus fréquentes (voir tableau ci-après).

Par contre, le même rapport ONZUS souligne que *« le sentiment d'insécurité est plus répandu en ZUS qu'ailleurs. La délinquance ou les incivilités restent au premier rang des problèmes cités par les habitants. Le sentiment d'insécurité est surtout ressenti par les habitants des ZUS dans leur quartier plutôt qu'à leur domicile. Ces habitants ne sont pourtant pas plus souvent victimes d'actes de délinquance que dans les autres quartiers, mais quand ils le sont, ces agressions sont plus fréquentes et se déroulent plus souvent dans leur quartier. De plus, les habitants des ZUS sont deux fois plus nombreux qu'ailleurs à être témoins d'actes de délinquance ou à constater des destructions, des dégradations volontaires d'équipements collectifs dans leur quartier. Autant d'éléments qui alimentent ce sentiment d'insécurité.* »

Faits de violences dans les zones urbaines sensibles et circonscriptions

	Zones urbaines sensibles (faits/ 1 000 hab.)	Circonscriptions (faits/ 1 000 hab.)
ATTEINTES AUX BIENS EN 2011	**38,57**	**46,51**
Dont vols	**27,60**	**36,50**
– dont vols violents	3,56	3,93
– dont vols sans violences	24,04	32,58
Dont destructions et dégradations	**10,97**	**10,01**
– dont incendies volontaires	2,35	1,18
ATTEINTES AUX PERSONNES EN 2011	**12,64**	**12,52**
Dont menaces et chantages	**2,24**	**2,20**
Dont violences crapuleuses	**3,56**	**3,93**
Dont violences non crapuleuses	**6,84**	**6,39**
– dont violences à dépositaires de l'autorité	0,88	0,82

On peut aussi, à l'opposé, citer de nombreuses réalisations de vie partagée et de solidarité dans certains quartiers de banlieue, mises en œuvre par des associations d'habitants, des bailleurs ou des centres sociaux, et souvent grâce à l'investissement des pouvoirs publics dans ces *« zones urbaines sensibles. »* Par exemple[2], sur le plateau du Rouher à Creil dans l'Oise, on peut voir une mosquée, une église, une synagogue et un temple protestant. Une vraie vie de quartier s'y est développée au fil des années, à tel point que de nombreuses familles qui doivent quitter le plateau pour cause de rénovation y reviennent régulièrement afin de retrouver ce voisinage qu'elles ne retrouvent pas dans leur nouvel environnement.

---

2. Voir le supplément *Résistances* du journal *Feuille de route Quart Monde*, n° 421, septembre-octobre 2012.

Sur la participation

> *« La prévoyance n'appartient qu'aux races civilisées et, parmi elles, aux classes aisées. Le sauvage et le pauvre sont également imprévoyants ! »*
>
> (Charles Gide, 1931)

34 *« Les outils de la participation existent mais les pauvres ne les utilisent pas »*

▶ **Pas si simple. Il faut aussi créer les conditions d'une réelle réciprocité des savoirs.**

Dans son rapport *Recommandations pour améliorer la participation des personnes en situation de pauvreté et d'exclusion à l'élaboration, à la mise en œuvre et à l'évaluation des politiques publiques*[1], le Conseil national des politiques de lutte contre la pauvreté et l'exclusion sociale (CNLE) rappelle les lois de 1991, 1998 et de 2002 sur la participation. S'inspirant en particulier des Universités populaires Quart Monde et de la méthode du Croisement des savoirs et des pratiques expérimentée par le mouvement ATD Quart

---

1. Voir www.cnle.gouv.fr/Recommandations-pour-ameliorer-la (consulté en mai 2013).

Monde[2], ce rapport précise l'esprit et les conditions d'une participation réelle de chacun : « *La participation doit être le résultat d'une confrontation de points de vue entre des expertises différentes : l'expertise donnée par une expérience de vie, l'expertise politique et l'expertise technique. Ce n'est plus décider pour les personnes en situation de pauvreté, mais bien décider avec elles.* [...] *Il ne s'agit pas seulement de solliciter un simple témoignage de ces personnes mais bien de créer les conditions d'une réciprocité des savoirs.* [...] *Il y a une certaine méthodologie à mettre en place pour que cette participation soit réelle. Elle consiste à former et préparer des personnes en situation de pauvreté et les institutionnels à ces pratiques.* » Pour cela, le rapport présente un ensemble de recommandations regroupées sous trois grands thèmes : « *I. Créer le plus en amont possible un cadre favorable à l'expression de la participation II. S'assurer de la volonté de l'ensemble des acteurs de s'engager dans une démarche de participation III. Garantir une animation de qualité lors des temps de participation dans des conseils mixtes.* »

---

2. Voir Claude Ferrand (sous la dir.), *Le croisement des pouvoirs*, Paris, Les Éditions de l'Atelier/Éditions Quart Monde, 2008 ; et « La participation des personnes en situation de précarité à l'épreuve des pratiques : entre désenchantement et résistance » dans le rapport annuel 2011 de la MRIE (Mission régionale d'information sur l'exclusion en Rhône-Alpes).

Récit. Des rencontres qui font tomber les idées fausses.

Au moment de ce récit, Annie Fifre est laborantine dans un hôpital et déléguée syndicale. Marquée à vie par une rencontre européenne de familles confrontées à la grande pauvreté à laquelle elle a participé, elle suit une formation où une volontaire permanente d'ATD Quart Monde lui affirme que les plus pauvres sont rarement syndiqués : lorsqu'une difficulté surgit, ils se retrouvent seuls, abandonnent leur travail ou se font licencier. Ce constat interroge Annie. Elle s'aperçoit que le syndicat de l'hôpital n'a de fait jamais cherché à créer des liens avec les femmes de ménage. Marcelle, l'une d'entre elle, arrivée depuis peu dans son service, va lui ouvrir les yeux. Avec leurs blouses différentes de celles des infirmières et des laborantines, les femmes de ménages ne mangent jamais aux mêmes tables que les autres. *« Lorsqu'une laborantine cassait un tube, elle ne le nettoyait jamais, elle appelait une femme de ménage. »* Marcelle exprime le mépris qu'elle ressent quand les gens marchent sur le sol encore mouillé qui vient d'être lavé, quand aucune information ne lui est donnée sur les dangers de l'utilisation de la soude pour nettoyer la vaisselle du labo. Alors, Marcelle et Annie décident de rencontrer chaque femme de ménage pour la convaincre de participer au syndicat. Quelques années plus tard, les femmes de ménage se mettent en grève avec le soutien du syndicat. À l'hôpital où, grâce à ces nouveaux comportements, le regard porté sur elles a évolué, elles sont enfin invitées aux rencontres entre équipes de jour et de nuit pour se transmettre les informations qui concernent les malades.

Note : Ce récit est extrait de Jona M. Rosenfeld, Bruno Tardieu, *Artisans de démocratie, de l'impasse à la réciprocité*, Paris, Les Éditions de l'Atelier / Éditions Quart Monde, 1998.

Sur la culture

35 *« Se loger et manger, c'est plus important que la culture »*

▶ **Faux.**

Geneviève de Gaulle-Anthonioz, ancienne présidente d'ATD Quart Monde, a expliqué l'importance qu'avaient eue pour elle la culture, l'art et la spiritualité, alors qu'elle se trouvait en 1944 déportée dans le camp de concentration de Ravensbrück[1]. Les témoignages de personnes déportées sont nombreux à montrer combien ces dimensions sont essentielles à l'être humain, même au plus profond de sa détresse.

Certains concepts et constructions scientifiques participent au maintien de certaines idées reçues. C'est le cas de la *« pyramide des besoins »* élaborée par le psychologue Abraham Maslow dans les années 1940 et qui définit cinq niveaux de besoins (voir le schéma). Elle prétend que l'individu n'envisage de satisfaire un besoin que si les besoins des niveaux inférieurs ont d'abord été satisfaits. Même si cette théorie n'a pas de validité scientifique, elle est souvent citée comme référence.

---

1. Geneviève de Gaulle-Anthonioz, *La Traversée de la nuit*, Paris, Seuil, 1998.

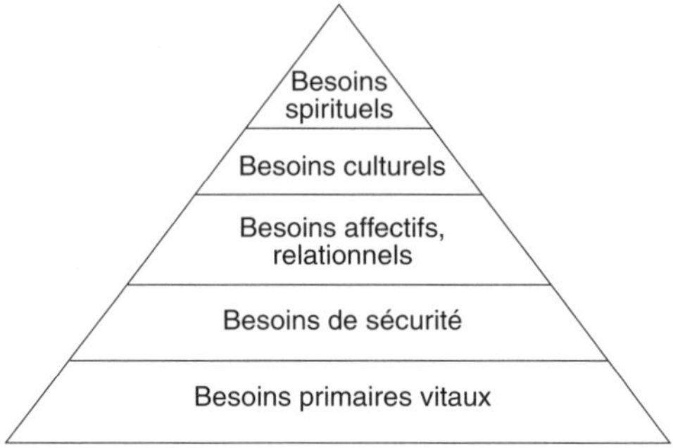

Pyramide des besoins de Maslow

Dans le cadre d'un programme de recherche mené par le mouvement ATD Quart Monde, un groupe de chercheurs-acteurs a proposé un autre modèle de relations entre les différents besoins humains. *« Les besoins culturels sont aussi importants que les besoins qualifiés traditionnellement de primaires.* [...] *Lorsqu'on vit dans la pauvreté, l'accès à la beauté de la nature ou de l'art demeure un besoin profond. La culture est une nourriture essentielle pour l'être humain. Le matériel, au sens large, ne suffit pas pour redonner de l'élan dans une vie. Les gens ne se mettent pas en route pour cela. La difficulté, par exemple, que peuvent avoir des personnes en situation de précarité à prendre leur santé en main peut provenir d'une absence de but, d'un manque de finalité dans leur existence. Les besoins culturels des personnes défavorisées sont méconnus.* [...] *De fait, il existe un cloisonnement entre l'action sociale, qui prend en compte les besoins primaires vitaux, et l'action culturelle, qui paraît subsidiaire (à satisfaire lorsque les autres besoins seront satisfaits) ou relative, donc non primordiale quand il s'agit de personnes en situation de précarité.* [...] *Il existe à la fois des besoins primaires vitaux et des aspirations (reconnaissance, culture, beauté...) qui font que quelqu'un est un être humain à part entière. Pour passer de l'assistance à la participation, il faut que ces aspirations soient prises en compte.* [...] *Nous proposons de remplacer le dessin pyramidal* [de la Pyramide de Maslow] *par un cercle, une boule, qui respecte la totalité de la personne*[2]. »

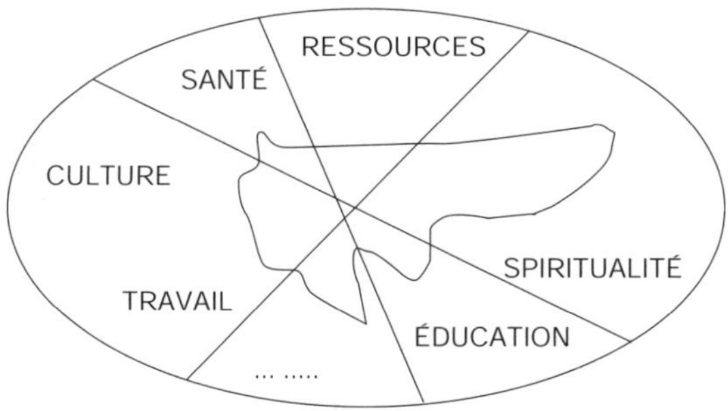

Le cercle des besoins

2. Groupes de recherche Quart Monde-Université et Quart Monde Partenaire, *Le Croisement des savoirs et des pratiques*, Paris, Les Éditions de l'Atelier/Éditions Quart Monde, 2008, pp. 613-621.

Sur l'immigration

36 *« L'immigration augmente beaucoup en France »*

► **Faux. Elle n'a augmenté que de 1 % entre 1975 et 2008.**

La proportion d'immigrés se situait en 1931 à 6,6 %. Elle a décru jusqu'à la guerre et cru pendant les trente années suivantes pour atteindre 7,4 % en 1975, restant à ce niveau jusqu'en 1999 et croissant légèrement jusqu'à 8,4 % en 2008[1].

Un immigré est une personne née étrangère à l'étranger puis arrivée en France, qu'elle garde ensuite sa nationalité d'origine ou qu'elle acquière la nationalité française. Parmi les 6,7 millions d'immigrés vivant en France en 2010, 4 millions sont étrangers et 2,7 millions sont français[2].

---

1. Voir l'enquête de l'Insee : http ://bit.ly/e9LFc (consulté en mai 2013). Un taux de 10,6 % est présenté pour 2010 dans l'idée reçue n° 41, mais il s'agit de la définition des immigrés par l'ONU, qui inclut les Français nés à l'étranger. Il n'est donc pas tout à fait comparable.
2. Voir Gilles Pison, « Le nombre et la part des immigrés dans la population : comparaison internationale », *Population et Sociétés*, n° 472, novembre 2010.

37 « Les immigrés prennent des emplois aux Français »

▶ **Faux. Les immigrés apportent au contraire de la richesse au pays d'accueil.**

Globalement, la présence de populations immigrées en France crée de la richesse et donc de l'emploi, grâce à l'apport de consommation, d'impôts et de cotisations (voir l'idée reçue nº 44). Les immigrés sont aussi consommateurs, ils créent une demande supplémentaire et des emplois.

À partir de plusieurs études réalisées dans différents pays, Xavier Chojnicki et Lionel Ragot concluent qu'« *il n'existe aucune preuve d'un effet d'éviction permanent de l'immigration sur l'emploi des autochtones*[3] », précisant qu'une étude de l'OCDE[4] montre qu'« *un accroissement de 1 % de la part des immigrés dans la population active d'un pays augmente le taux de chômage des natifs de seulement 0,05 point au bout d'un an, cet effet s'annulant totalement au bout de cinq ans.* »

---

3. Xavier Chojnicki, Lionel Ragot, *On entend dire que l'immigration coûte cher à la France. Qu'en disent les économistes ?*, Paris, Eyrolles/Les Echos, 2012.

4. « The Unemployment Impact of Immigration in OECD Countries », 2007.

38 « L'immigration tire les salaires vers le bas »

► **Pas si simple.**

Dans leur ouvrage, Xavier Chojnicki et Lionel Ragot présentent différentes études sur l'impact de l'immigration sur les niveaux de salaires. Certaines montrent un impact négatif, d'autres montrent un impact nul ou positif. La conclusion des deux chercheurs est que *« les travaux des économistes dans leur très grande majorité aboutissent au rejet de la responsabilité supposée de l'immigration dans la dégradation de la situation salariale des travailleurs natifs.* [...] *La plupart de ces travaux mettent en évidence un effet négatif très modéré de l'immigration sur le salaire des autochtones. Les études les plus récentes s'accordent même plutôt sur un impact qui serait finalement positif, mais toujours de faible ampleur »* (pour différentes raisons : rigidités salariales, arrivée d'investisseurs attirés par la main-d'œuvre nouvelle, le fait que travailleurs immigrés et travailleurs natifs n'occupent pas tout à fait les mêmes emplois...).

39 « Beaucoup d'immigrés sont des chômeurs »

► **Faux.**

« Contrairement à une idée reçue, le taux moyen d'activité des immigrés n'est que très légèrement inférieur à celui des autochtones (67,8 % contre 70,5 %)... Les taux

d'activité des hommes originaires de pays extra-communautaires sont supérieurs à ceux des Français de naissance (atteignant plus de 80 % chez les immigrés algériens et turcs)[5]. »

40 « Les étrangers sont attirés par notre protection sociale »

▶ **Faux. Ils sont avant tout attirés par la perspective d'un travail.**

Il existe beaucoup de motivations différentes pour émigrer d'un pays : des raisons économiques, politiques, ethniques, religieuses, la volonté de fuir un conflit, etc. Pour ce qui est des motivations économiques, une étude réalisée en Europe et publiée en juin 2001[6] montre que l'attractivité de la protection sociale existe pour les migrants, mais qu'elle est sans commune mesure avec les différences de salaires par rapport au pays d'origine. Les étrangers sont avant tout attirés par la perspective de travailler et non de percevoir des aides sociales. C'est ce que confirme un récent rapport de l'OCDE[7] : *« La plupart des immigrés ne viennent pas dans leur pays d'accueil pour pouvoir bénéficier des prestations sociales, mais pour trouver un emploi et améliorer leurs conditions de vie et*

---

5. Xavier Chojnicki et Lionel Ragot, *op. cit.*

6. Voir Herbert Brücker, Gil S. Epstein, Barry McCormick, Gilles Saint-Paul, Alessandra Venturini, Klaus Zimmermann, « Managing Migration in the European Welfare State », juin 2001.

7. OCDE, « Perspectives des migrations internationales 2013 », Paris, Éditions OCDE, 2013.

celles de leur famille. Or, pour y parvenir, l'emploi est plus efficace que les allocations. »

D'autant plus que pour les étrangers, l'accès aux aides sociales n'est pas immédiat en France. Il leur faut être depuis au moins cinq ans en possession d'un titre de séjour autorisant à travailler afin de bénéficier du RSA (articles L262-4 à L262-6 du Code de l'action sociale et des familles). Pour percevoir le minimum vieillesse, il leur faut vivre en France depuis au moins dix ans. Si les étrangers peuvent bénéficier des allocations familiales, nous avons vu (avec l'idée reçue n° 14) que ces prestations n'empêchaient pas en elles-mêmes d'échapper à la pauvreté.

41 *« La France est un des pays qui accueillent le plus d'immigrés »*

▶ **Faux.**

En 2010, la part des personnes immigrées sur la population totale s'élevait à : Autriche (16 %), Suède (14 %), Espagne (14 %), États-Unis (13 %), Allemagne (13 %), France (10,6 %)[8], Pays-Bas (10 %), Royaume-Uni (10 %), Belgique (9 %), Italie (7 %)[9].

La France accueille chaque année environ 200 000 migrants, contre 800 000 pour l'Allemagne en 2010.

---

8. Ces chiffres sont ceux de l'ONU qui, pour la France, inclut les Français nés à l'étranger. La part des immigrés d'origine étrangère s'élève à 8 % (Insee).

9. Gilles Pison, « Le nombre et la part des immigrés dans la population : comparaisons internationales », art. cit.

42 *« Les familles immigrées font beaucoup d'enfants »*

▶ **Pas beaucoup plus que les femmes françaises natives.**

Le nombre moyen d'enfants par femme est de 1,8 pour les femmes françaises natives et de 2,6 pour les femmes immigrées [10]. Ce taux de natalité, un peu plus élevé chez les femmes immigrées, contribue à rajeunir la population en France, qui vieillirait plus vite sans cela.

43 *« Ce sont les étrangers les plus pauvres qui immigrent en France »*

▶ **Faux.**

« Dans l'ensemble, les migrants représentent par rapport aux non-migrants de la société d'origine une population sélectionnée : en meilleure santé, plus instruite, plus entreprenante, dotée d'un minimum de ressources [11]. » La part des immigrés diplômés de l'enseignement supérieur est passée de 12 à 25 % entre 1990 et 2007. En France, la moyenne nationale est de 29 %.

De manière plus générale, *« les migrants disposent de ressources importantes, tant en termes financiers, comme en témoigne le niveau de transferts de fonds à destination des pays en développement, estimés d'après la Banque mondiale à 372 milliards de dollars en 2011, qu'en termes de capital*

---

10. Xavier Chojnicki, Lionel Ragot, *op. cit.*

11. François Héran, « Cinq idées reçues sur l'immigration », *Population et Sociétés*, n °397, janvier 2004.

humain, puisque près d'un tiers des migrants récents dans les pays de l'OCDE sont diplômés du supérieur contre moins de 6 % en moyenne dans leurs pays d'origine. [...] *Un tiers des immigrés récents dans les pays de l'OCDE (c'est-à-dire arrivés depuis moins de 5 ans) sont diplômés du supérieur, soit 5,2 millions de personnes. En moyenne, la part des diplômés du supérieur est plus élevée parmi les immigrés récents que pour les personnes nées dans les pays de l'OCDE (24 %) et pour les immigrés anciennement installés (27 %), traduisant par là même la nature sélective des migrations vers les pays de l'OCDE et l'augmentation du niveau d'éducation des jeunes générations dans les pays d'origine*[12]. »

44 *« L'immigration coûte cher à la France »*

▶ **Faux. Selon les études, elle ne coûte presque rien ou, au contraire, rapporte.**

Les populations immigrées perçoivent en moyenne davantage de prestations sociales que les Français natifs pour ce qui est des aides au logement et du RSA (et un peu plus pour ce qui est des allocations familiales et des allocations chômage), mais c'est le contraire pour ce qui est de l'assurance maladie et de l'assurance vieillesse. Par ailleurs, leur apport est important en termes de cotisations sociales, de taxes sur la consommation et de CSG[13].

---

12. Rapport de l'OCDE, *Mobiliser les compétences des migrants et de la diaspora en faveur du développement : quelques pistes stratégiques*, octobre 2012.
13. Contribution sociale généralisée.

Le tableau suivant, établi pour l'année 2005, montre que l'immigration représente un coût de 68 milliards d'euros et des recettes de 72 milliards, donc un apport net de presque 4 milliards :

Impact budgétaire net de l'immigration en France en 2005

Recettes	Montant annuel en millions €	Dépenses	Montant annuel en millions €
Impôts sur revenus du travail	3 414	Retraite	16 365
Impôts sur revenus du capital	3 350	Logement	2 593
Taxes sur la consommation	18 335	RMI	1 740
Impôts locaux	2 541	Chômage	5 047
CSG-CRDS	6 215	Famille	6 724
Cotisations sociales	26 457	Santé	11 154
Autres recettes	11 714	Éducation	4 222
		Autres dépenses	20 295
Total	**72 026**	**Total**	**68 140**
Impact budgétaire net	**3 885**		

Source : Xavier Chojnicki, Lionel Ragot, On entend dire que l'immigration coûte cher à la France. Qu'en disent les économistes ?, *Paris,* Les Échos/ *Eyrolles, 2012.*

Dans sa première étude sur le sujet[14], l'OCDE fait un constat un peu différent et laisse apparaître un impact fiscal légèrement négatif en 2008-2009 pour les familles immigrées vivant en France, qui s'explique en partie par le fait que celles-ci sont relativement âgées et donc un peu moins actives. Pour la plupart des pays, remarque cependant l'OCDE, l'impact de l'immigration est positif. L'emploi étant le principal facteur de contribution fiscale des immigrés, l'OCDE invite les pays à une meilleure intégration des immigrés dans le marché du travail.

14. OCDE, « Perspectives des migrations internationales 2013 », *op. cit.*

Sur les Roms

45 *« Les Roms sont en situation irrégulière en France »*

▶ **Ni plus ni moins que les autres ressortissants des pays de l'Union européenne.**

Comme tous les citoyens des pays membres de l'Union européenne, les Roms originaires de Roumanie et Bulgarie ont le droit de circuler librement en France pendant trois mois *« tant qu'ils ne deviennent pas une charge déraisonnable pour le système d'assistance sociale »* (article L. 121-4-1 du Code de l'entrée et du séjour des étrangers et du droit d'asile).

Au-delà, l'article L121-1 de ce Code précise que *« sauf si sa présence constitue une menace pour l'ordre public, tout citoyen de l'Union européenne* [...] *a le droit de séjourner en France pour une durée supérieure à trois mois s'il satisfait à l'une des conditions suivantes : 1° S'il exerce une activité professionnelle en France ; 2° S'il dispose pour lui et pour les membres de sa famille* [...] *de ressources suffisantes afin de ne pas devenir une charge pour le système d'assistance sociale, ainsi que d'une assurance maladie ; 3° S'il est inscrit dans un établissement* [...] *pour y suivre à titre principal des études ou, dans ce cadre, une formation professionnelle, et garantit disposer d'une assurance maladie ainsi que de ressources suffisantes pour lui et pour les membres de sa famille* [...] *afin de ne pas devenir une charge pour le système d'assistance sociale ; 4° S'il est un descendant direct âgé de moins de vingt et un ans ou à charge, ascendant direct à charge, conjoint, ascendant ou descendant direct à charge du conjoint, accompagnant ou rejoignant un ressortissant qui satisfait aux conditions énoncées aux 1° ou 2° ; 5° S'il est le conjoint ou un enfant à charge accompagnant ou rejoignant un ressortissant qui satisfait aux conditions énoncées au 3°.* »

Lorsque le citoyen européen ne satisfait à aucune des conditions, il peut se voir notifier une Obligation de quitter le territoire français (il y a aussi des OQTF abusives pour la simple pratique d'activités économiques de survie comme la mendicité). Il dispose alors d'un mois pour exécuter cette obligation ou en demander l'annulation. Compte tenu des contraintes pesant sur l'accès des Roumains et des Bulgares au marché du travail en France (voir l'idée reçue n° 46), des Roms vivant en France se trouvent donc en situation irrégulière, ne pouvant justifier d'une activité professionnelle ou de ressources déclarées *« suffisantes »* et/ou d'une couverture maladie. Dans ce cas, ils n'ont pas droit aux prestations sociales.

L'article R121-4 du Code de l'entrée et du séjour des étrangers et du droit d'asile précise que *« le caractère suffisant des ressources est apprécié en tenant compte de la situation personnelle de l'intéressé. En aucun cas, le montant exigé ne peut excéder le montant forfaitaire du revenu de solidarité active* [...]. *La charge pour le système d'assistance sociale que peut constituer le ressortissant* [...] *est évaluée en prenant notamment en compte le montant des prestations sociales non contributives qui lui ont été accordées, la durée de ses difficultés et de son séjour.* »

46 *« Les Roms ne veulent pas travailler »*

▶ Faux.

À la différence d'autres pays européens, il existe en France une *« période transitoire »* qui empêche les Roms de Roumanie et de Bulgarie d'avoir les mêmes droits que les autres Européens jusqu'à fin 2013. Pour travailler, ils doivent disposer d'une autorisation de travail. Les délais d'obtention sont de trois à six mois à partir d'une promesse d'embauche à temps plein. Le plus souvent, l'employeur ne peut attendre la réponse et embauche quelqu'un d'autre.

On constate aussi des situations où une préfecture tarde à délivrer un titre de séjour alors que le dossier ne présente aucun obstacle et qu'il y figure même une promesse d'embauche.

Le 26 octobre 2009, la Haute autorité de lutte contre les discriminations et pour l'égalité (Halde) a demandé au gouvernement qu'il mette fin à cette période transitoire, ainsi que la Commission nationale consultative des droits de l'Homme (CNCDH), dans un avis adopté le 22 mars 2012.

Les témoignages recueillis sur l'embauche de travailleurs roms sont dans l'ensemble très positifs [1].

---

1. Voir par exemple http ://dai.ly/XkmivJ (consulté en mai 2013).

47 « Les Roms sont migrants et nomades »

► **Faux.**

Les Roms *« migrants »* viennent essentiellement de Roumanie et dans une moindre mesure de Bulgarie. Ils sont sédentarisés de longue date dans leur pays. Ce n'est donc pas un mode de vie nomade qui les pousse à quitter celui-ci, mais l'exclusion qu'ils y subissent. Si, une fois arrivés en France, ils quittent parfois leur lieu de vie, c'est souvent en raison d'une mobilité encore une fois subie, du fait des expulsions.

« Mignonne, ferme bien tes volets,
Le fils de Tsigane rôde tout près.
Il va te conduire par la main
Au pays des Tsiganes fort loin. »
(*Woyzech*, drame de Georg Büchner, 1837)

48 « Les Roms ne veulent pas s'intégrer »

► **Faux.**

Les Roms *« migrants »* présents en France sont le plus souvent des migrants économiques qui ont fui leur pays afin d'échapper à une très grande précarité liée à une discrimination et un rejet féroces. Ils veulent trouver un emploi pour subvenir à leurs besoins et faire vivre leur famille. Ils souhaitent que leurs enfants puissent être scolarisés et avoir un travail plus tard. D'ailleurs – on le sait moins –, un grand nombre de familles roms sont tout à fait intégrées dans les études et la vie active, et ne se revendiquent pas explicitement roms.

Les Roms gardent des liens très forts avec les membres de leur famille restée au pays. Les aller et retour qu'ils effectuent dans celui-ci peuvent parfois être perçus comme une intention de ne pas s'intégrer.

49 *« Le nombre de Roms augmente en France »*

Faux.

Depuis le Moyen Âge, des populations viennent depuis l'Europe centrale s'installer en France. Certes, cette immigration a augmenté avec la chute du communisme et, contrairement à d'autres, est une immigration familiale donc très visible. Mais elle ne concerne que quelques milliers de personnes. *« Il y aurait environ 10 000 à 15 000 "Roms migrants" en France début 2010*, estime l'Observatoire régional de la santé d'Île-de-France dans son rapport *« Situation sanitaire et sociale des "Roms migrants" en Île-de-France »* de janvier 2012. *Un certain consensus existe également sur le fait que ce chiffre serait relativement stable depuis la seconde moitié des années 2000. Environ 5 000 d'entre eux vivraient en Île-de-France, dont la moitié en Seine-Saint-Denis (soit 2 500 à 3 000 personnes environ). »*

50 *« Il est normal d'évacuer un campement illégal »*

▶ **Oui, pour des raisons d'urgence humanitaire. Mais pas n'importe comment.**

La circulaire interministérielle du 26 août 2012 relative à l'anticipation et à l'accompagnement des opérations d'évacuation des campements roms illicites précise aux préfets qu'il convient *« d'assurer un traitement égal et digne de toute personne en situation de détresse sociale* [et...] *en initiant le travail le plus en amont de la décision de justice qu'il est possible, de proposer des solutions d'accompagnement* [...].

Cela suppose, dans une logique d'anticipation et d'individualisation, l'établissement, chaque fois qu'il est possible, d'un diagnostic et la recherche de solutions d'accompagnement, dans les différents domaines concourant à l'insertion des personnes (scolarisation, santé, emploi, logement/mise à l'abri...). »

Allons plus loin que le texte de cette circulaire (qui n'est pas appliqué à la lettre par les préfets) : toute évacuation de campement illicite devrait être subordonnée à une solution de relogement proposée aux familles. Sinon, on ne fait que déplacer le problème et on casse des efforts d'intégration entrepris parfois depuis des mois.

51 *« Les Roms vont prendre les emplois des Français »*

▶ **Faux.**

Les Roms présents en France et postulant à des emplois ne sont que quelques milliers...

Au niveau européen, dans le rapport COM (2011) 729 sur le fonctionnement des dispositions transitoires sur la libre circulation des travailleurs en provenance de la Bulgarie et de la Roumanie remis le 11 novembre 2011, la Commission européenne estime qu'*« il est clair que les citoyens mobiles récemment arrivés en provenance* [de Bulgarie et de Roumanie] *ont joué un rôle très mineur dans la crise du marché du travail des différents pays.*

Par exemple, en 2010, ils représentaient seulement 1 % de l'ensemble des personnes au chômage (âgées de 15 à 64 ans) dans les pays de l'Union européenne (à 15 pays), contre 4,1 % pour les ressortissants de pays tiers récemment arrivés. La vaste majorité des citoyens mobiles récemment arrivés de Bulgarie et de Roumanie participent au marché du travail dans la même mesure que la population moyenne, voire de manière plus importante. Dans l'ensemble, ils ont joué un rôle positif pour les économies des pays d'accueil... » (sur ce thème, voir aussi l'idée reçue n° 37).

52 *« Si on normalise l'accès à l'emploi pour les Roms, on va créer un appel d'air »*

▶ **Rien ne le prouve. Au contraire.**

Le 18 novembre 2008, la Commission européenne a fait un bilan de l'ouverture des frontières de plusieurs pays membres aux travailleurs venant de Bulgarie et de Roumanie. Elle a constaté que ces pays n'ont pas enregistré d'impact négatif, que les flux migratoires ont été généralement modérés par rapport aux périodes précédant l'ouverture, que l'on observait désormais une augmentation de la migration de retour et, enfin, que, du fait du ralentissement économique consécutif à la crise financière, la baisse de la demande de main-d'œuvre pourrait en tout état de cause réduire les flux migratoires.

Sur les gens du voyage

> *« Ces rôdeurs de nos rues, aux allures louches, professionnels de la débauche dont la vie est faite de mendicité, de prostitution et de rapines… les chemineaux et les romanichels qui infestent nos routes, prélevant au passage l'impôt de la peur ou la dîme de la pitié. Il n'y a qu'une voix à la ville et aux champs pour demander qu'on expurge le pays de ces extra-sociaux. »*
>
> (Fernand Dubief, 1910)

53 *« Les gens du voyage s'installent n'importe où »*

▶ Et si la loi du 5 juillet 2000 était mieux appliquée par les collectivités ?

Cette loi relative à l'accueil et l'habitat des gens du voyage a défini les droits et les devoirs réciproques des gens du voyage et des collectivités territoriales. Elle prévoit qu'en contrepartie de la création de structures d'accueil, les communes disposeront de moyens renforcés pour lutter contre les stationnements illicites. Des mesures visant à favoriser l'accompagnement des gens du voyage ont également été prévues, en particulier dans les domaines social et scolaire.

Le rapport de la Cour des comptes d'octobre 2012 consacré à « *L'accueil et l'accompagnement des gens du voyage* » explique cependant que fin 2010, seules 52 % des aires d'accueil et 29,4 % des aires de grand passage avaient été réalisées. Le taux de réalisation est surtout faible en Provence-Alpes-Côte d'Azur, Île-de-France et Languedoc-Roussillon, des régions où les besoins sont particulièrement importants.

Ce rapport montre que dans les départements qui ont appliqué le mieux la loi, la lutte contre les stationnements illicites a été renforcée, comme la loi le prévoyait et que, dans l'ensemble, il y a une corrélation entre la création des aires et une baisse des stationnements illicites.

54 « Les gens du voyage roulent en Mercedes »

► **Pas si simple.**

Tout d'abord, seule la moitié des gens du voyage sont itinérants. Les autres, n'ayant plus les moyens de la mobilité, sont devenus sédentaires. Parmi les itinérants, tous ne possèdent pas une grosse voiture. Leur caravane n'est pas un outil de loisirs, mais l'habitat de la famille et un moyen de se déplacer pour travailler (vente ambulante ou sur les marchés, récolte de fruits et légumes, ferraille, distribution de prospectus dans les boîtes aux lettres...).

Les gens du voyage itinérants mettent donc l'essentiel de leurs ressources et s'endettent (aux taux élevés des crédits à la consommation, les banques refusant en général de prêter aux demandeurs sans domicile fixe) non pour un appartement ou une maison et du mobilier, mais pour une caravane et un véhicule robustes et confortables.

SECONDE PARTIE

« C'EST BIEN BEAU, MAIS ON NE PEUT PAS FAIRE AUTREMENT. » IDÉES REÇUES SUR LES SOLUTIONS

Sur la pauvreté en général

> *« La pauvreté est, à quelques égards, une condition de l'existence de l'humanité. Ne dites pas au pauvre qu'il est pauvre par sa faute ; ne l'engagez pas à se délivrer de la pauvreté comme d'une honte ; faites-lui aimer la pauvreté ; montrez-lui en la noblesse, le charme, la beauté, la douceur. »*
>
> (Ernest Renan, 1863)

55 *« Il y aura toujours des pauvres »*

► **Peut-être, mais pas forcément si nombreux ni si durablement pauvres.**

D'autant plus que nous avons les moyens d'éliminer la misère (voir l'idée reçue n° 60).

On entend parfois dire qu'*« il y aura toujours des pauvres »* dans le sens *« on ne peut éviter tous les accidents de la vie. Il y aura toujours des personnes qui traversent une mauvaise passe et se rétablissent ensuite. »* C'est vrai. Mais ce qui n'est pas acceptable, c'est qu'un nombre croissant de personnes s'enfoncent dans une pauvreté durable et profonde.

Il faut distinguer deux situations (voir l'idée reçue n° 1) :

– la précarité, situation rencontrée lorsqu'une ou plusieurs sécurités disparaissent (l'emploi, la santé, le logement...) ;

– la misère ou grande pauvreté, lorsque les précarités s'accumulent en nombre et dans le temps, compromettent les chances de s'en sortir dans un avenir prévisible et attaquent profondément la vie et la dignité des personnes.

Joseph Stiglitz écrit : *« Les économistes ont étudié de très près les écarts de revenus à l'échelle des vies entières [...] : cette inégalité-là est très importante, presque autant que celles des revenus à chaque instant, et elle a énormément augmenté ces dernières années*[1]. »

En France, l'Insee estime le taux de persistance dans la pauvreté comme étant la proportion d'individus dont le niveau de vie est inférieur au seuil de pauvreté pendant au moins trois années au cours des quatre dernières années. Ce taux s'établit à 7,9 % en 2006. En raison de la modification de la méthode de collecte des revenus intervenue en 2008 (sur les revenus de 2007), le taux de 2011 n'est pas encore connu, mais il devrait être plus important.

---

1. Joseph Stiglitz, *Le Prix de l'inégalité*, *op. cit.*, p. 64.

56 *« Vouloir réduire la pauvreté d'un tiers, c'est déjà pas mal »*

▶ **Oui et non. Un tel objectif risque fort de ne pas impliquer de réels moyens.**

En France, comme dans d'autres pays, les objectifs des politiques de lutte contre la pauvreté sont souvent partiels : *« Réduire d'un tiers le nombre de pauvres »*, *« Réduire de moitié le nombre de jeunes en échec scolaire »*, etc. C'est vrai, l'intérêt de tels objectifs réside dans leur chiffrage et le fait qu'ils donnent donc une obligation de résultat et pas seulement de moyen. Mais ils encouragent des politiques d'écrémage : les efforts risquent de s'orienter en priorité auprès des personnes qui se trouvent *juste* en dessous du seuil de pauvreté, ou des jeunes qui ne sont *pas les plus* en échec scolaire, etc. En réalité, on prend juste des demi-mesures puisqu'il s'agit seulement de donner un coup de pouce à certains et non de s'attaquer aux causes profondes. Les populations les plus défavorisées ne s'y trompent pas, qui, à l'énoncé de politiques visant à réduire *« d'un tiers »* la pauvreté, se disent : *« On ne sera jamais dans le bon tiers. »*

Si les objectifs sont tenus pour cette *« première tranche »*, ils seront beaucoup plus difficiles à atteindre pour les tranches suivantes, car les outils mis en place pour la première auront peu de chance de fonctionner pour les suivantes.

L'intérêt de commencer par les personnes les plus éloignées est que les *« outils »* utilisés, s'ils fonctionnent pour elles, fonctionneront pour tout le monde, alors que l'inverse n'est pas vrai.

Ainsi, une étude de l'Unicef[2] a montré qu'il était plus efficace de mettre en œuvre des stratégies à destination en priorité des plus pauvres, axées sur l'équité et conçues de manière à toucher les populations les plus démunies tout en étant accessibles aux autres. Ces stratégies accordent de l'importance à des dimensions souvent sous-estimées : la durée, le coût financier, la concertation avec la population, l'accessibilité géographique, l'accompagnement humain, la non-stigmatisation, la complémentarité avec des politiques dans d'autres domaines, etc. Malgré leur complexité et leur coût, ces *« stratégies axées sur l'équité »* pourraient parvenir à des résultats plus rapidement. Elles seraient moins coûteuses et plus durables que les politiques traditionnelles centrées sur des objectifs partiels (comme le sont actuellement les stratégies des Objectifs du millénaire pour le développement – OMD[3]).

Un autre enseignement ressort de cette étude de l'Unicef : en étant accessibles et bénéfiques aux plus exclus, ces stratégies le seraient aussi pour les moins exclus. Elles profiteraient donc davantage à l'ensemble de la société que les politiques traditionnelles. L'Unicef a mené son étude dans plusieurs pays, dans le domaine de la mortalité infantile et de la santé maternelle, et compte la poursuivre dans d'autres domaines comme l'éducation et la protection de l'enfant.

---

2. Fond des Nations unies pour l'Enfance. Voir les rapports « Réduire les écarts pour atteindre les objectifs » et « Achieving the MDGs with Equity », septembre 2010.
3. Pour « délivrer nos semblables de la misère », les Nations unies ont adopté en 2000 huit objectifs à atteindre d'ici 2015.

57 *« Avec la mondialisation, la hausse de la pauvreté est inéluctable »*

Faux. Certains pays sont plus *« mondialisés »* que nous et connaissent moins de pauvreté.

La mondialisation joue, en effet, un rôle majeur dans l'accroissement des inégalités et de la pauvreté à l'intérieur des pays développés en exacerbant la concurrence, en accélérant le changement technique et en renforçant la mobilité des capitaux qui s'investissent là où la main-d'œuvre peu qualifiée est la moins chère[4]. Cependant, l'économiste Jean Gadrey explique que *« certains pays du nord de l'Europe sont plus mondialisés que nous et moins inégalitaires, avec moins de pauvres*[5]*. L'essentiel de l'explication de la montée de la pauvreté réside dans des politiques nationales : fiscalité de plus en plus injuste, freinage de la redistribution, refus d'augmenter les minima sociaux, protection sociale qui se dégrade et se privatise, refus de la gratuité de certains biens publics, absence de politiques de partage du travail, etc.* [6] *»*

De même, l'économiste François Bourguignon souligne qu'il ne faut céder ni à la résignation, ni au protectionnisme. Il insiste sur *« le rôle important des politiques*

---

4. Un phénomène pourrait peu à peu changer la donne : la hausse des salaires en Chine et dans les pays d'Asie du Sud-Est, qui atteint plusieurs pourcents par an dans les années 2010.

5. Par exemple, en Norvège, Suède, Finlande et Danemark, où les importations et les exportations représentent un tiers du produit intérieur brut, alors qu'elles s'élèvent à moins d'un quart en France.

6. Interview pour le mensuel *Convergence* du Secours populaire sur http ://bit.ly/YfXWDv (consulté en mai 2013).

de correction des inégalités et des réformes institutionnelles. Elles peuvent annuler ou renverser l'effet des forces de marché ou, au contraire, en accentuer les effets. [...] Divers instruments permettent de procéder à cette correction : la fiscalité et les transferts, la régulation du secteur financier, les législations de salaire minimum, les politiques d'enseignement et de formation[7]. »

58 *« La lutte contre la pauvreté coûte cher aux classes moyennes »*

► **Elle ne coûte pas si cher que cela. Et la société a tout à y gagner, y compris financièrement.**

On entend parfois dire que la lutte contre la pauvreté se fait au détriment des classes moyennes qui sont ponctionnées pour cela et – soi-disant – n'en tirent aucun bénéfice.

Or, d'une part, comme nous l'avons vu avec l'idée reçue n° 5, la société tout entière gagnerait – y compris financièrement – à l'éradication de la misère.

D'autre part, il est inexact de dire que la lutte contre la pauvreté coûte cher en moyenne aux ménages français.

Il est vrai que la France est en deuxième position en Europe (derrière le Danemark, 33,4 %) pour la part de ses *dépenses sociales* rapportée à son produit intérieur brut (PIB) : 33 % (31,3 % pour l'Allemagne, moins de 30 % pour le Royaume-Uni). Mais les *dépenses sociales* recouvrent

---

7. François Bourguignon, *La mondialisation de la pauvreté*, Paris, Le Seuil, 2012.

bien plus que la lutte contre la pauvreté ; pour la plus grande part, elles couvrent la protection des risques dans les domaines santé, vieillesse, maternité-famille, emploi et logement, dont tout le monde ou presque bénéficie.

Pour ce qui est de la part du PIB consacrée aux dépenses contre l'exclusion sociale, la France n'est que légèrement au-dessus de la moyenne européenne : 0,5 % en 2009, contre une moyenne de 0,4 % pour l'Union européenne et 2 % aux Pays-Bas, 0,9 % au Danemark, 0,8 % en Belgique, 0,7 % en Suède et en Finlande, 0,6 % en Irlande et en Grèce, 0,4 % en Slovaquie, 0,3 % au Luxembourg, etc.[8]

Comme le montrent les deux graphiques suivants, la lutte contre la pauvreté ne représente qu'une infime partie de l'utilisation de notre protection sociale :

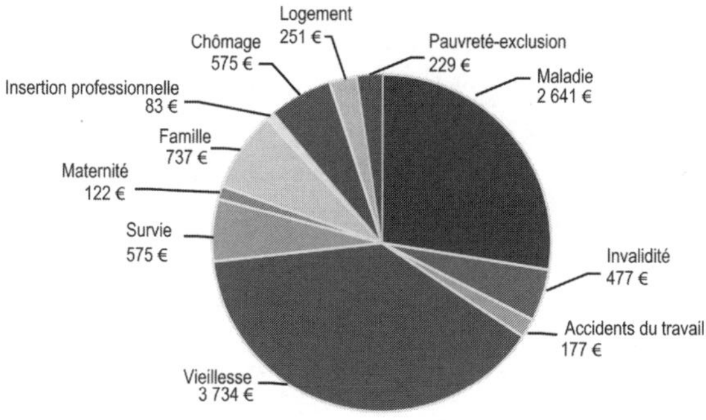

Lecture : En 2010, chaque habitant a bénéficié de 9 602 euros en moyenne provenant de la protection sociale.
Source : DREES-CPS, base 2005.

---

8. Voir l'enquête « La protection sociale en France et en Europe en 2010 », collection *Études et statistiques* de la Drees, p. 146-147.

Coût des prestations sociales en France en 2010

	2010
Maladie	**170 749**
Dont régimes d'assurances sociales	145 540
Dont régimes d'intervention publique	2 095
Invalidité et accidents du travail	**42 312**
Dont régimes d'assurances sociales	17 881
Dont régimes d'intervention publique	9 909
Vieillesse-survie	**278 543**
Dont régimes d'assurances sociales	262 275
Dont régimes d'intervention publique	9 882
Famille-maternité	**55 545**
Dont régimes d'assurances sociales	38 324
Dont régimes d'intervention publique	7 901
Emploi	**42 550**
Dont régimes d'assurances sociales	30 759
Dont régimes d'intervention publique	4 214
Logement	**16 248**
Dont régimes d'assurances sociales	4 451
Dont régimes d'intervention publique	11 790
Pauvreté-exclusion sociale	**14 830**
Dont régimes d'assurances sociales	12 141
TOTAL DES PRESTATIONS SOCIALES	**620 777**

Source : « La protection sociale en France et en Europe », revue Études et résultats *de la DREES, n° 807, août 2012.*

Les Français sont attachés à leur système de protection sociale. On voit dans le graphique suivant que la capacité de ce système à réduire le taux de pauvreté est plus importante en France que dans d'autres grands pays européens, excepté la Suède.

Taux de pauvreté avec et après transferts sociaux (retraites exclues)

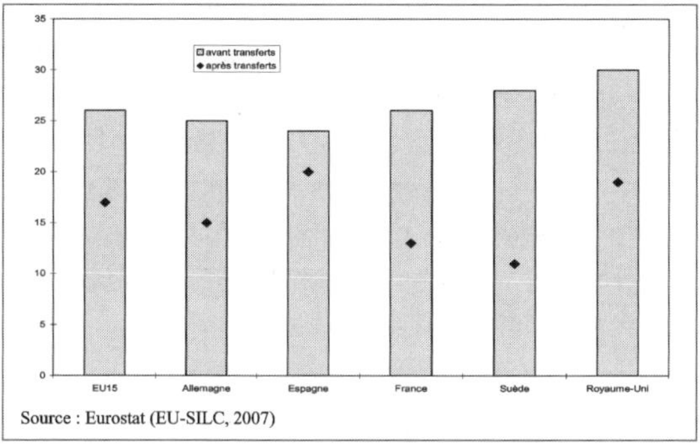

Source : « Les modèles sociaux européens dans la tourmente : quel impact de la crise sur la pauvreté ? », Baptiste Françon et Mathilde Guergoat-Larivière in Travaux de l'Onpes 2009-2010.

Le rôle d'amortisseur de la pauvreté que joue la protection sociale est cependant moins fort pour les plus bas niveaux de revenus. Dans son rapport 2011-2012, l'Onpes montre que : *« les prestations sociales permettent de réduire de 8 points la part des personnes sous le seuil de pauvreté, dont 3 points au titre des prestations familiales, 3 points à celui des aides au logement et 2 points au titre des minima sociaux. Les prestations sociales réduisent aussi sensiblement l'intensité de la pauvreté. Après impôt (taxe d'habitation, CSG), le niveau de vie des personnes pauvres est inférieur de 46 % au seuil de pauvreté alors que l'écart n'est plus que de 17 % une fois intégré l'ensemble des prestations sociales. L'impact des prestations familiales est particulièrement important puisque celles-ci parviennent à réduire l'intensité de la pauvreté de 14 points. Les allocations logement la rédui-*

sent de 9 points. L'impact supplémentaire des minima sociaux est de 6 points. Les minima sociaux, complétés par l'accès à une couverture santé et une aide au logement, offrent un filet de sécurité aux personnes les plus pauvres. Mais la plupart ne permettent pas à eux seuls d'aller au-delà du seuil de pauvreté à 40 %. » Malgré leur impact notable contre la pauvreté, les minima sociaux, selon le rapport de l'Onpes, ne permettent pas aux familles les plus en difficulté – celles qui se trouvent sous le seuil de 40 % du revenu médian – de dépasser ce seuil.

> *« Le résultat inévitable de la charité légale est de maintenir dans l'oisiveté le plus grand nombre des pauvres et d'entretenir leurs loisirs aux dépens de ceux qui travaillent. »*
>
> (Alexis de Tocqueville, 1835)

59 *« Notre modèle de solidarité enferme les pauvres dans l'assistanat »*

▶ **Non. Les personnes confrontées à la pauvreté ne sont pas *« accros »* à l'assistance.**

À cette idée reçue, il existe au moins deux réponses que nous avons déjà vues :

– les taux élevés de non-recours : les personnes en situation de précarité préfèrent souvent s'en sortir par leurs propres moyens plutôt que de recourir à l'assistance à laquelle elles ont droit (voir l'idée reçue n° 15),

– la plupart des personnes exclues de l'emploi sont prêtes à en occuper un, même sans gain financier immédiat (voir l'idée reçue n° 21).

Si *« notre modèle de solidarité enferme les pauvres dans l'assistanat »*, c'est bien dans le sens où il affranchit les décideurs de rechercher et de proposer des voies de promotion plus durables (par le travail par exemple) : on accorde aux familles en grande précarité un minimum pour vivre (insuffisant) et des distributions de tous ordres et *« ça peut aller »*.

60 *« L'objectif d'éradiquer la misère est un rêve inaccessible »*

▶ **Faux. Ce sont la volonté citoyenne et la volonté politique qui manquent.**

L'objectif de vaincre la pauvreté par une politique ambitieuse était dans les années 1960 la volonté du président Johnson aux États-Unis. Les experts américains estimaient alors que cet objectif pouvait être atteint en une génération. Cette politique ne fut pas menée à son terme, mais elle produisit des résultats réels.

Dans son rapport *Le sens des sous pour résoudre la pauvreté* (novembre 2011), le Conseil national du bien-être social canadien écrivait : *« L'éradication de la pauvreté est sensée sur le plan économique »* (voir l'idée reçue n° 5). Dans l'esprit de ce rapport – qui n'a pas été mis en œuvre –, il s'agissait d'abord d'éradiquer la pauvreté monétaire, c'est-à-dire d'assurer aux personnes en précarité un revenu leur permettant de dépasser le seuil de pauvreté. Ce premier pas ne résout pas à lui seul le problème de la pauvreté dans la durée, mais les repères que ce rapport indique et les études qu'il cite sont à prendre en compte.

Quant à la France, l'économiste Jean Gadrey estime sur son blog[9] à 20 milliards d'euros annuels le coût pour maintenir tous les citoyens au-dessus du seuil de pauvreté[10]. C'est, ajoute-t-il, *« à peu près ce dont les 10 % les plus riches bénéficient annuellement en réductions fiscales successives sur le seul impôt sur le revenu depuis 2000. »*

Au niveau mondial, en s'appuyant sur les travaux de préparation des Objectifs du millénaire pour le développement (OMD), l'économiste Jeffrey Sachs affirme que l'extrême pauvreté peut être éradiquée en 20 ans. Pourquoi, alors, n'y parvient-on pas ? Parce que, estime l'économiste William Easterly, les *« planificateurs »* de l'ONU et des organismes internationaux définissent des solutions *« de haut en bas »* inadaptées. Dans l'ouvrage *Éradiquer la misère. Démocratie, mondialisation et droits de l'homme*, l'économiste Xavier Godinot et ses co-auteurs montrent que les planificateurs n'ont pas pris en compte que la misère n'est pas seulement un problème d'extrême pauvreté matérielle, mais aussi d'exclusion sociale et de mépris. Elle requiert une transformation profonde de la relation entre inclus et exclus, ou entre aidant et aidé[11]. Comme le prouvent également Esther Duflo et Abhijit V. Banerjee dans leur livre *Repenser la pauvreté*, les

---

9. Voir http ://bit.ly/uI034r (consulté en mai 2013).
10. Une autre estimation chiffre ce coût à 15 milliards. Voir l'idée reçue n° 66.
11. Sur Sachs, Easterly et Collier, voir Xavier Godinot (sous la dir.), *Éradiquer la misère. Démocratie, mondialisation et droits de l'homme*, Paris, PUF, 2008, p. 353-360.

politiques menées contre la pauvreté seraient plus efficaces si les personnes concernées y étaient associées.

61 *« On donne déjà beaucoup pour l'aide alimentaire et ça ne change rien »*

▶ C'est vrai. Les aides alimentaires ne s'attaquent pas aux causes de la misère.

Les distributions alimentaires font partie des gestes humains et citoyens d'aide aux personnes en difficulté, mais qui ne s'attaquent pas aux causes de l'exclusion. Elles enferment au contraire les personnes en situation de pauvreté dans une dépendance, malgré elles, et l'opinion publique dans l'illusion qu'elle fait tout son possible pour lutter contre la misère.

Quand les distributions alimentaires sont considérées chaque année par des millions de familles, par des travailleurs sociaux et des élus comme un moyen de permettre aux plus défavorisés de payer pendant l'hiver les factures de chauffage et d'électricité ; quand, au moment de la crise en 2008, le gouvernement consolide les organismes de distributions alimentaires au lieu d'augmenter les minima sociaux[12], c'est que, selon le politologue Gil Delannoi, *« il y a dans la société d'aujourd'hui une agitation manifeste qui fait que le souci du*

---

12. Le soutien direct de l'État à l'aide alimentaire, sans compter les déductions fiscales, est passé de 15 à 35 millions d'euros entre 2004 et 2009 (Voir le *Rapport sur les circuits et mécanismes financiers concourant à l'aide alimentaire en France* de la Cour des comptes, 2009).

long terme, qui est essentiel, devient accessoire, et que la réponse à l'urgence tient lieu de seule faculté d'action[13] ».

Dans son rapport thématique *Penser l'assistance*[14], l'Onpes insiste sur le rôle des politiques sociales qui doivent *« viser à restaurer, ou à maintenir, l'autonomie des bénéficiaires.* [...] *L'asymétrie de la relation entre celui qui demande et celui qui accorde, la façon dont cette relation est mise en œuvre, peuvent retirer aux personnes qui sollicitent l'aide tout potentiel d'action propre.* [...] *La relation de coopération devient parfois relation de dépendance, quand la personne aidée ne peut compter sur ses propres forces pour ses besoins quotidiens. Mais, même dans ce cas, la relation doit viser à rendre la plus grande autonomie possible ou, à défaut, la dignité à la personne. »*

---

13. Voir www.joseph-wresinski.org/10-Vient-de-paraitre.html (consulté en mai 2013).
14. Mai 2013.

Sur les minima sociaux

62 *« La France distribue des minima sociaux élevés »*

▶ **Faux. La France est dans la moyenne européenne.**

En France, le montant des minima sociaux (incluant l'aide au logement) pour une famille de deux enfants équivaut à 72 % du seuil de pauvreté, alors qu'il est en moyenne de 76 % dans l'Union européenne (85 % pour l'Allemagne et 92 % pour le Royaume-Uni) [1].

Par ailleurs, le montant des minima sociaux (RSA, AAH) ne connaît pas la même progression que l'ensemble des revenus.

En 1988, le Revenu minimum d'insertion équivalait à 50 % du SMIC. En 2012, le RSA socle est à 42 % : soit 474,93 euros par mois pour une personne seule.

En décembre 2012, le gouvernement a décidé d'une revalorisation du RSA socle de 10 % (en plus de l'inflation) sur cinq ans – qui ne permettra cependant pas de rattraper la progression connue par le SMIC depuis 1988.

---

1. Voir l'enquête de l'OCDE, citée dans l'article « Un panorama des minima sociaux en Europe », *Études et résultats*, n° 464, février 2006.

63 *« Le RSA agit efficacement contre la pauvreté »*

▶ **Faux. Le principe sur lequel il repose (l'incitation financière à la reprise d'emploi) est insuffisant.**

Assurer un revenu minimum aux personnes en grande précarité est nécessaire[2], mais il faut en même temps investir davantage dans l'accompagnement afin de leur permettre de retrouver leur place dans la société. Cela n'a pas été fait depuis l'institution du RSA.

« Parce qu'elle s'est appuyée à la fois sur une conception très idéologique des comportements des allocataires de minima sociaux et sur une représentation très particulière des caractéristiques de la population au RMI et du marché du travail, la réforme instituant le RSA a moins représenté une innovation de forme et de fond qu'une légitimation de la dégradation du marché du travail et une tentative d'y adapter une partie du salariat, d'une part, ainsi qu'une contribution à la bureaucratisation des politiques publiques, d'autre part », estiment Bernard Gomel et Dominique Méda[3].

Les deux chercheurs expliquent comment l'instauration en 2008 du RSA et des obligations liées à la recherche d'emploi, en se concentrant sur l'incitation financière à la reprise d'emploi, n'a pas donné la priorité à un renforcement des moyens destinés à l'accompagne-

---

2. Notons qu'au moment de sa création, le montant du RSA socle n'a pas été augmenté par rapport à celui du RMI.
3. Bernard Gomel, Dominique Méda, *Le RSA, innovation ou réforme technocratique ?*, *op. cit.*

ment des allocataires du RMI. Les études faites jusqu'alors sur les freins à la reprise d'emploi[4] n'ont pas été prises en compte.

« La commission Hirsch avait fixé plusieurs objectifs à la nouvelle prestation, [commentent-ils] *: supprimer les effets de seuil et « rendre les revenus plus prévisibles pour les familles, le système plus lisible pour les bénéficiaires, plus facile à gérer et à adapter aux besoins des personnes pour les organismes publics ». Aucun de ces deux objectifs n'a été atteint, sans doute en partie du fait de l'irruption de la crise qui a radicalement transformé les conditions de mise en œuvre de cette politique, mais aussi du fait du caractère inadapté de la représentation de la psychologie de l'allocataire et du marché du travail sous-jacente aux modèles théoriques mobilisés.* [...] *il apparaît que peu des objectifs visés par la loi instaurant le RSA ont été atteints. »*

Le rapport *Penser l'assistance* publié par l'Onpes en mai 2013 reprend l'essentiel de ces analyses[5]. Notons enfin qu'au printemps 2013, le gouvernement a demandé au Parlement de réfléchir à une réforme du RSA activité.

« Rechercher quels sont les éléments dont se compose à Paris ou dans toute autre grande ville cette partie de la population qui forme une classe dangereuse par ses vices, son ignorance et sa misère ; indiquer les moyens que l'administration, les hommes riches ou aisés, les ouvriers intelligents et laborieux, pourraient employer pour améliorer cette classe dangereuse et dépravée. »

(Question au concours de l'Académie des Sciences morales et politiques à la fin des années 1830)

---

4. Voir l'idée reçue n° 21.
5. P. 89-90.

64 *« On devrait obliger les bénéficiaires du RSA à travailler »*

▶ Non. Ce discours facile cache les vrais problèmes.

Cette proposition, qui repose apparemment sur du bon sens (*« On n'a rien sans rien »*), diffuse en réalité le message que les bénéficiaires du RSA sont des oisifs qu'il faut obliger à travailler. C'est un des discours les plus faciles et les plus répandus sur les bénéficiaires du RSA, que nous avons déjà abordé avec les idées reçues *« Les pauvres ne veulent pas travailler »* et *« Les pauvres ont des droits, mais ça va avec des devoirs »*.

Benjamin Grivaux remarque : *« En 2010, sur le 1,4 million d'allocataires du RSA socle, 450 000 exerçaient une activité dans les secteurs marchands et non marchands dans le cadre des contrats uniques d'insertion. Concrètement, la surveillance des sorties d'école, l'entretien de locaux administratifs dans les collectivités ou l'accueil dans les services publics sont déjà assurés, en partie, par des personnes bénéficiant du RSA. Remplacer ces contrats rémunérés, qui ouvrent droit à des cotisations retraite et chômage, par des heures de travail obligatoires et gratuites est injuste socialement et inefficace économiquement.* [...] *Lier l'exercice de la solidarité nationale à un travail obligatoire, c'est rompre définitivement avec le principe d'une assistance universelle pour les plus pauvres et enfermer notre modèle dans une logique purement assurantielle*[6]. »

---

6. Benjamin Grivaux, *Salauds de pauvres*, Paris, Fayard, 2012, p. 106.

Dans leur étude déjà citée, Dominique Méda et Bernard Gomel rappellent qu'à l'origine, le RMI n'a pas instauré de relation *« donnant-donnant »* avec le bénéficiaire. Ils mentionnent Jean-Claude Barbier : « *La circulaire d'application des dispositions d'insertion précise que "l'engagement du bénéficiaire dans les actions d'insertion n'est pas la contrepartie de l'allocation" ; il en est seulement une condition que le législateur a entourée de réelles garanties pour les personnes concernées*[7] » (circulaire DIRMI n° 93-04 du 27 mars 1993).

Le contrat d'insertion RMI n'était pas la contrepartie du versement de l'allocation, mais signalait au contraire l'obligation faite à la société de tout mettre en œuvre pour insérer l'allocataire. On a ainsi glissé peu à peu vers l'idée que le RMI puis le RSA est une aide qui se mérite, une aide réservée aux *« bons pauvres »* qui remplissent leurs *« devoirs. »*

Dans son rapport 2009-2010[8], l'Onpes s'interroge : *« Les politiques d'activation sont-elles encore adéquates ? »* : *« On peut s'interroger dans le cadre des politiques d'activation sur la nature du contrat d'insertion qui, d'un prolongement du droit à l'allocation de chômage ou au revenu minimum, a évolué vers une condition pour la perception de telles allocations*[9]. *Cette condition, outre le fait qu'elle peut contribuer à stigmatiser les allo-*

7. Jean-Claude Barbier, « Comparer insertion sociale et workfare ? », *La Contrepartie : les expériences nationales*, RFAS, n° 4, octobre-décembre 1996.

8. Onpes, p. 55.

9. Michel Borgetto, « L'activation de la solidarité : d'hier à aujourd'hui », *Droit social*, n° 11, novembre 2009.

cataires des minima sociaux, masque le caractère structurel du fonctionnement du marché du travail qui tend à exclure les plus fragiles. »

Pour Dominique Méda et Bernard Gomel, le fonctionnement du RSA lui-même est la consécration d'un message trompeur qui remonte aux politiques d'activation des dépenses sociales depuis la fin des années 1990 (et que l'on retrouve exacerbé dans cette idée que l'*« On devrait obliger les bénéficiaires du RSA à travailler »*) : la profonde injustice du chômage de longue durée ne serait pas de la responsabilité des employeurs (qui rémunèreraient trop peu les travailleurs ou leur offriraient des durées de travail trop courtes), mais devrait être prise en charge par un système de protection sociale qui s'adapterait à la *« nouvelle réalité »* du marché du travail selon laquelle *« l'emploi acceptable est un quart de temps et une heure d'emploi vaut mieux que l'assistance, pour les finances de l'État et pour les individus eux-mêmes. L'activité quelle qu'elle soit vaut mieux que l'inactivité, tel est le message véhiculé.* »

Encore une fois, il est plus facile de demander aux personnes en précarité de se remettre en cause que de s'interroger sur les moyens de maintenir et de créer des emplois.

Cette dernière question ne concerne pas que les employeurs publics et privés. Elle concerne aussi chacun de nous en tant que salarié, consommateur, élu, actionnaire, etc.

65 *« Augmenter le RSA découragerait les gens de travailler »*

▶ **Faux. Des études et des faits démontent cette idée simple.**

En traitant des idées reçues n° 16 et n° 21, nous avons déjà vu que les études montraient depuis longtemps que l'incitation financière n'est pas le principal critère du choix de travailler ou non [10]. Chacun connaît sans doute des exemples qui viennent appuyer ces préjugés, mais des exemples particuliers ne font pas une généralité, d'où l'intérêt des études suivantes qui remettent les choses à leur place.

L'étude de Duncan Gallie en 2000 que nous avons citée montre même que c'est dans les pays européens où la protection sociale est la plus *« généreuse »* pour les sans-emploi que ceux-ci sont le plus fortement motivés à retrouver un travail !

Une expérience concrète a été menée de février 1985 à juin 1986 par le mouvement ATD Quart Monde, la Caisse d'allocations familiales de Rennes, le service d'Aide

---

10. Dans son rapport 2009-2010, l'Onpes estime également que *« d'après les évaluations menées au préalable et sur les expérimentations (voir en particulier : Comité d'évaluation des expérimentations, Rapport final sur l'évaluation des expérimentations RSA, mai 2009 ; Thomas Deroyon, Marie Hennion-Aouriri, Gautier Maigne, Layla Ricroch, « L'influence des incitations financières sur le retour à l'emploi des bénéficiaires de minima sociaux »,* Documents de travail de la DGTPE, *n° 90, juillet 2009), les effets sur le retour à l'emploi des incitations financières de la PPE, de l'intéressement et du RSA étaient déjà incertains et limités avant la crise économique. »*

sociale à l'enfance du département et le centre communal d'action sociale de Rennes. Un revenu minimum garanti a été assuré à 146 familles en grande précarité pendant 16 mois, pour un budget total de 5 millions de francs. Il a été constaté que le nombre de personnes au travail était le même en fin de période et au début et que ceux qui avaient un travail régulier les années précédentes l'avaient poursuivi.

À la question *« Le RMI, puis le RSA découragent-ils certains jeunes de travailler ? »*, le chercheur Olivier Bargain répond : *« Si elle existe, cette désincitation devrait se traduire par un fléchissement du taux d'emploi des jeunes juste après 25 ans* [âge à partir duquel on peut percevoir le RSA plus systématiquement], *puisque le gain à l'emploi de certains jeunes serait plus faible à partir de cet âge. Or, aucune rupture dans les taux d'emploi à 25 ans n'est repérable pour les jeunes célibataires sans enfant ayant au moins un CAP ou un BEP. Le RMI et le RSA n'auraient donc pas d'effet désincitatif marqué sur l'emploi de ces jeunes*[11]. *»*

Penser qu'*« Augmenter le RSA découragera les gens de travailler »* n'éviterait-il pas plutôt de s'interroger sur les bas salaires et sur la dureté et la précarité de bien des conditions de travail qui sont dissuasives, sinon indignes ?

> « [Des] *mendiants font peser sur les populations le fardeau de leur misère vraie ou simulée. La plupart de ces individus sont dans la force de l'âge. Ils mendient ou par cupidité ou par fainéantise.* »
>
> (Un préfet de l'Indre, au XIXe siècle)

---

11. Olivier Bargain, *Analyses*, n° 6, 2012.

66 *« Il n'y a pas assez d'argent dans les caisses pour augmenter les minima sociaux »*

▶ Faux. On peut trouver l'argent de différentes façons.

Il y a plusieurs réponses à cette idée reçue :

– En étudiant l'idée selon laquelle *« les pauvres sont des fraudeurs »*, nous avons vu qu'en France, l'État économisait environ 11 milliards chaque année parce que, pour différentes raisons, une partie des personnes qui peuvent prétendre aux prestations sociales n'y ont pas recours (voir aussi l'idée reçue n° 15). Pourquoi n'utilise-t-on pas une partie de ces non-dépenses qui sont pourtant inscrites au budget de l'État ?

– En étudiant l'idée reçue selon laquelle *« Les pauvres coûtent cher »*, nous avons vu qu'il était économiquement bénéfique d'investir dans la lutte contre la pauvreté et que cela a un effet positif sur la consommation, les recettes fiscales et l'économie,

– Enfin, il est possible de prendre des mesures (en particulier de plus grande justice fiscale) afin d'accroître les recettes de l'État et des collectivités territoriales.

Dans son rapport, le groupe de travail *« Accès aux droits, aux biens essentiels et aux minimas sociaux »* a estimé en préparation de la Conférence nationale sur la pauvreté et l'inclusion sociale de décembre 2012 à Paris qu'*« amener l'ensemble des ménages ordinaires au seuil de pauvreté mobiliserait de l'ordre de 15 milliards d'euros, que ces revenus proviennent du travail ou de la protection sociale »*. En faisant appel à plusieurs des trois solutions présentées ci-dessus, cet objectif ne semble pas hors de portée.

Sur le budget des familles

67 *« Les tarifs sociaux du gaz et de l'électricité s'appliquent automatiquement aux familles les plus en difficulté »*

► **Faux. Les taux de non-recours sont très élevés.**

« Les tarifs sociaux en matière de gaz et d'électricité ne bénéficient pas aux plus pauvres, alors que, payant du coup leur énergie plus chère, ils contribuent au financement de ces aides », explique l'Odenore dans *L'envers de la « fraude sociale »*.

En effet, le plus grand nombre des personnes qui auraient droit à ces tarifs sociaux ne les demandent pas : les taux de non-recours au tarif première nécessité (TPN) d'EDF et au tarif spécial solidarité (TSS) de GDF sont de 68 % et 62 % en 2011.

Ces tarifs sociaux sont financés non par l'État ou les fournisseurs d'énergie, mais par les clients eux-mêmes par prélèvement sur leurs factures de gaz et d'électricité, qu'ils soient riches ou pauvres. Cela signifie que les clients précaires d'EDF et de GDF financent des tarifs sociaux dont, pour la moitié ou les trois quarts d'entre eux, ils ne bénéficient pas !

Afin d'agir contre ces non-recours, un décret publié le 6 mars 2012 a rendu automatique l'attribution de ces tarifs aux familles ayant accès à la CMU complémentaire.

En réalité, pour garantir à chacun l'accès aux services essentiels à un coût supportable, il faudrait instaurer une tarification progressive de l'énergie, telle que le Conseil national des politiques de lutte contre la pauvreté et l'exclusion sociale (CNLE) le propose dans son rapport *Pour une mise en œuvre du droit à des moyens convenables d'existence. Analyse établie autour du concept de « reste à vivre*[1] » en reprenant des analyses du rapport de la mission *Transformation des modes de vie, des comportements, et de la consommation* en février 2010[2] : *« Dans le secteur de l'énergie (électricité, gaz, eau), il s'agirait de mettre en place une tarification universelle progressive incluant les frais fixes, basée sur des profils de consommation. Ce mode de tarification a l'avantage de maîtriser les dépenses des ménages consommant peu, tout en intégrant des objectifs de développement durable. Il permet aussi de ne pas stigmatiser les ménages susceptibles de percevoir les tarifs sociaux. Il faudra toutefois être vigilant afin de ne pas pénaliser les ménages qui, malgré leurs faibles ressources financières, consomment beaucoup d'énergie faute d'une isolation thermique de qualité de leur logement. »*

---

1. Voir www.cnle.gouv.fr/Pour-une-mise-en-oeuvre-effective.html (consulté en mai 2013).

2. Rapport remis par Pierre Saglio, président du mouvement ATD Quart Monde, et Alain Chosson, vice-président de CLCV (Consommation, logement et cadre de vie), à Valérie Létard, secrétaire d'État auprès du ministre d'État Jean-Louis Borloo.

Sur le travail

68 *« On ne pourra jamais trouver du travail pour tout le monde »*

▶ **Faux. Il est possible et rentable de créer ces emplois répondant à des besoins non satisfaits.**

Premier élément de réflexion : il peut être rentable de créer des emplois répondant à des besoins non couverts sur un territoire (voir aussi l'idée reçue n° 72). Dans son livre *Chômage : nous accusons !*[1] Jacques Nikonoff présente une étude menée en 1995 dans la vallée de la Drôme. Sur ce territoire de 30 000 habitants se trouvent alors 3 135 chercheurs d'emploi. Une enquête révèle un potentiel de création d'emplois utiles de 430 à 860, dont 200 à 350 dans des services aux particuliers, 120 à 200 dans des entreprises qui réduiraient leur temps de travail, 30 au sein d'associations, 80 à 250 dans des services publics (santé, environnement, aménagement, tourisme...). Le coût direct du chômage dans cette vallée est de 324 millions de francs chaque année, soit 103 000 francs par chercheur d'emploi. Cette somme pourrait être utilisée pour payer un salaire à chaque personne privée d'emploi dans cette vallée, à condition de modifier certaines règles économiques afin de

1. Jacques Nikonoff, *Chômage : nous accusons !*, Paris, Arléa, 1998.

permettre la réallocation des dépenses de gestion du chômage au financement de l'emploi.

Cet exemple montre que pour trouver des réponses au chômage de longue durée, il faut lancer des expérimentations locales dépassant les fonctionnements administratifs habituels, dans le cadre du droit d'expérimentation que possèdent les collectivités territoriales depuis 2003.

Second élément de réflexion : le Conseil national de l'insertion par l'activité économique a montré[2] qu'investir dans la création d'emplois aidés était économiquement rentable pour la collectivité nationale. Voici le calcul effectué sur trois territoires étudiés (Pays de la Loire, Aquitaine et Franche-Comté).

Apport économique des emplois aidés à la collectivité nationale

Ressources annuelles pour la collectivité nationale	**202 M€**
– Charges patronales	35 M€
– Impôts et taxes	10 M€
– Économies sur les coûts du chômage de longue durée (minima sociaux, aides sociales...)	157 M€[3]
Coûts annuels pour la collectivité nationale	**98 M€**
– Subventions	80 M€
– Exonérations	19 M€
Gain annuel pour la collectivité nationale	**104 M€**

2. Voir le rapport *Synthèse des études territoriales, résultats et perspectives*, 2009.

3. 18 300 € par personne : estimation issue des travaux préparatoires à la loi sur les *« Nouveaux services, emplois jeunes »* votée en 1997.

« Pour l'économie marchande locale, note également ce rapport, *les structures d'insertion par l'activité économique (SIAE) des trois régions considérées captent un flux économique de 171 millions d'euros de chiffre d'affaires pour exercer leur activité, mais en contrepartie elles injectent dans l'économie locale, pas moins de 204 millions d'euros au travers des salaires nets qu'elles versent à leurs salariés et des achats qu'elles font aux entreprises de leur territoire. »* Soit un gain de 33 M€ pour les territoires.

L'Union régionale de l'activité par l'insertion économique du Nord-Pas-de-Calais a également montré[4] qu'un euro investi dans ce secteur rapportait un gain de 2 à 3,50 euros à la collectivité.

Ces tentatives d'évaluer l'impact de l'insertion par l'activité économique sont souvent l'objet de deux objections : *« D'une part, elles laissent de côté les effets sur des entreprises concurrentes des SIAE et dont l'activité est potentiellement entravée, voire diminuée par l'intervention des structures d'IAE qui bénéficient d'importants financements publics »* et *« d'autre part, elles négligent la question de l'impact sur l'économie du financement de l'IAE (1,2 milliard d'euros), voire d'une utilisation alternative des fonds publics ainsi mobilisés*[5] *»*. Mais ces deux objections considèrent-elles le surcroît d'activité que l'IAE apporte directement (achats) et indirectement (par la consommation) aux entreprises concurrentes ?

---

4. Voir l'étude *La plus value sociale, économique et territoriale des structures de l'insertion par l'économique*, 2013.

5. Voir le rapport *Le financement de l'insertion par l'activité économique* réalisé par l'inspection générale des Finances et l'inspection générale des Affaires sociales en janvier 2013.

Considèrent-elles les aides diverses (aides à l'emploi, réductions fiscales) dont ces dernières bénéficient, elles aussi, de la part de l'État et des collectivités (dont 22,2 milliards d'euros de réductions annuelles de cotisations sur les bas salaires, voir l'idée reçue suivante) ? Quant à une *« utilisation alternative »* des 1,2 milliard d'euros investis dans l'insertion économique... Et si nous utilisions déjà les milliards économisés par les non-recours (voir l'idée reçue n° 23) ? Sans parler de ceux que l'on pourrait aller chercher dans les niches fiscales accordées aux particuliers et aux entreprises.

« [Il existe] une masse des nécessiteux d'habitude que leur incapacité professionnelle, leurs faiblesses physiques et morales condamnent à la misère périodique. »

(Conseil supérieur du travail,
Rapport sur la question du chômage, 1896)

Récit. Des rencontres qui font tomber les idées fausses.

Harry Lennon, New Yorkais, a été journaliste puis haut fonctionnaire membre de la délégation permanente des USA à l'ONU. Pendant toute sa carrière, il est persuadé que *« le salut viendra de l'économie »*. Avec la crise des années 1970, quelques doutes surgissent. Il lit alors un article du *Monde* où Joseph Wresinski, fondateur d'ATD Quart Monde, affirme que les efforts des gouvernements en direction des plus pauvres bénéficient toujours aux plus dynamiques d'entre eux et laissent de côté les plus fragiles. « *Quand j'ai lu ceci*, dit Harry, *j'ai compris exactement de quoi il parlait... et que je l'avais toujours su.* » Interpellé, il participe à un rassemblement de jeunes du Quart Monde dans l'Ain. Bouleversé par ces rencontres, de retour à New York, il entre en relation avec des membres d'ATD Quart Monde. « *Comment relier les deux mondes*, se demande-t-il, *celui où des parents voient leurs filles ou leurs fils prendre de la drogue, où les enfants sont souvent malades et l'autre monde, celui des administrations et des gouvernements où l'on regarde la réalité de très loin, à travers des jumelles, des statistiques et des généralisations ?»* Ainsi, à l'université, on enseigne qu'un certain niveau de chômage est nécessaire à l'économie : *« On a d'abord dit 3 %, puis on a considéré qu'il vaudrait peut-être mieux s'habituer à 5 ou 6 % de chômeurs. Mais les gens du Quart Monde n'ont même pas travaillé assez pour être chômeurs. Ils n'existent pas ! Est-il possible qu'à l'exemple du rapport rédigé en 1988 par Joseph Wresinski pour le Conseil économique et social français, tout ce qu'ATD Quart Monde connaît des pauvres puisse entrer dans les considérations gouvernementales ?»*

Note : Ce récit est extrait de Jona M. Rosenfeld, Bruno Tardieu, *Artisans de démocratie, de l'impasse à la réciprocité*, Paris, Les Éditions de l'Atelier / Éditions Quart Monde, 1998.

69 *« Pour créer des emplois, il faut baisser les charges sur les (bas) salaires »*

► **Pas si simple. C'est une mesure dont le coût et l'impact sur la création d'emploi sont discutés.**

Depuis 1993, les réductions de cotisations sociales sur les bas salaires (qui s'appliquent de façon dégressive aux salaires situés entre un SMIC et 1,6 SMIC) sont la principale composante de la politique de l'emploi en France. Elles s'élèvent en 2009 à 22,2 milliards d'euros d'après l'étude « Les allégements de cotisations sociales patronales sur les bas salaires en France de 1993 à 2009[6]. »

---

6. Document d'études n° 169 de la Direction de l'animation de la recherche, des études et des statistiques (DARES), février 2012.

Cette étude estime que les allégements de cotisations mis en place entre 1993 et 1997 auraient permis de créer ou de sauvegarder entre 200 000 et 400 000 emplois, soit un coût brut par emploi compris entre 20 000 euros et 40 000 euros et un coût net (après prise en compte des cotisations sociales et des moindres dépenses de minima sociaux et d'allocations chômage) compris entre 8 000 euros et 28 000 euros. Pour différentes raisons, il est difficile d'évaluer ce que ces allégements ont permis de créer comme emplois ensuite, mais cette étude de la DARES estime qu'entre 400 000 et un million d'emplois seraient détruits si l'on supprimait ces allégements. Pour un coût annuel de 22,2 milliards d'euros, le maintien de ces emplois s'élèverait donc à entre 22 000 et 55 000 euros par personne et par an... ce qui est assez coûteux.

C'est vrai, le poids des cotisations patronales sur les salaires peut avoir un effet dissuasif sur l'embauche dans des petites et moyennes entreprises et ce sont surtout les PME qui embauchent, notamment des apprentis. Mais les allégements de cotisations tous azimuts sont coûteux et amputent grandement les comptes de la Sécurité sociale (dont les dépenses sont financées aux trois quarts par les cotisations sociales).

Ne faudrait-il pas préférer des allégements ciblés sur certains secteurs ou types d'entreprises, dont on mesure précisément l'impact ? Ou d'autres moyens de créer des emplois plus massivement (voir l'idée reçue n° 68) et de façon moins coûteuse pour la collectivité ?

70 *« Pour lutter contre la pauvreté, il suffit que la croissance économique soit plus forte »*

Faux. Il n'y a pas de lien direct entre la croissance économique et la baisse de la pauvreté.

Si la crise économique a bien sûr des conséquences graves sur la pauvreté, l'inverse n'est pas vrai. Xavier Godinot, économiste, écrit : *« Le raisonnement que la croissance économique permettra d'éliminer la misère n'a jamais été vérifié. Dans les pays en forte croissance démographique, la croissance économique est une condition nécessaire pour combattre la misère, mais elle n'est pas une condition suffisante*[7]*. »* Pour la France comme pour la plupart des pays développés qui ne connaissent pas une croissance démographique forte, la croissance n'est pas une condition nécessaire pour s'attaquer à la misère. *« Les comparaisons entre les pays à différents niveaux du PIB*[8] *par habitant démontrent que la croissance de la richesse ne règle pas les problèmes sociaux et qu'un effort concerté pour réduire toutes les formes d'inégalité est nécessaire. L'exemple des États-Unis est très révélateur : ce pays compte parmi les plus riches, mais il affiche un écart très marqué entre le haut et le bas de l'échelle des revenus »*, confirme le rapport déjà cité du Conseil national canadien du bien-être social.

Ensuite, nous avons déjà vu (avec les idées reçues n° 60 et n° 5) qu'il est économiquement bénéfique pour

---

7. Xavier Godinot (sous la dir.), *Éradiquer la misère*, *op. cit.*, p. 366.
8. Produit intérieur brut.

la société de faire franchir aux personnes en situation de précarité le seuil de pauvreté grâce à une allocation qui aiderait les plus bas revenus à franchir ce seuil[9], toutes choses égales par ailleurs et donc sans croissance économique particulière.

Enfin, si nous essayions de remplacer *« Pour lutter contre la pauvreté, il faut de la croissance »* par *« Pour lutter contre la pauvreté, il faut de la redistribution »* ?... Nous avons vu (avec l'idée reçue n° 68) que, même en l'absence de croissance, on peut envisager de créer des emplois.

Alors, c'est vrai, la croissance économique est souhaitable, mais cessons de l'attendre comme la solution miracle. Même sans elle, nous pouvons trouver des moyens pour agir.

L'Onpes observe au niveau européen que *« le recentrage de la stratégie de Lisbonne sur la croissance et l'emploi en 2005 reflétait notamment la conviction que la croissance économique se traduirait* in fine *par une amélioration du bien-être de tous.* [...] *Au cours des trois dernières années, l'Union européenne a cependant pris conscience des limites de cette approche, la diminution du chômage n'entraînant pas automatiquement une réduction significative de la pauvreté*[10]. » D'autant plus que, comme l'Onpes l'explique dans ce rapport, le chômage n'est pas la seule cause de la pauvreté, et les chômeurs de longue durée sont, parmi l'ensemble des chercheurs d'emploi, les derniers à retrouver un travail lorsque la conjoncture s'améliore. Ce que confirme égale-

9. Avec ou sans création d'emploi associée, mais c'est mieux avec !
10. Rapport 2009-2010 de l'Onpes, p. 109.

ment le dossier annuel 2012 de la MRIE, qui consacre tout un chapitre à cette question.

> *« Le pauvre est nécessaire au riche comme celui-ci l'est au pauvre. L'un par la charité, l'autre par la résignation, tous les deux* [...] *gagnent leur salut. »*
>
> (L'évêque de Clermont, en 1879)

71 *« Contre le chômage, on a tout essayé »*

► **Faux.**

Jusqu'à présent, les politiques de l'emploi se sont principalement orientées dans trois directions :

– Celles visant à faciliter l'embauche des chômeurs en entreprise ordinaire par des incitations financières (prime à l'embauche, baisse de cotisations sociales, contrats aidés dans le secteur marchand) : leur efficacité a été limitée par le fait que, *in fine*, même avec des aides, les entreprises ne recrutent pas si leur carnet de commandes est vide. Plus que les aides de l'État, c'est d'abord le marché qui détermine les embauches, les aides jouant souvent le rôle d'aubaine pour les employeurs.

– Celles visant à créer des passerelles vers l'emploi ordinaire au travers des contrats aidés dans le secteur non marchand et au travers du financement de structures d'insertion par l'activité économique. Ces politiques se heurtent depuis des années à deux difficultés :

• la faiblesse des débouchés vers l'emploi ordinaire, qui renvoie à la *« case chômage »* beaucoup de personnes en fin de contrat aidé ou sortant de telles structures,

• le fait que certaines personnes ont besoin, pour se préparer à l'emploi ordinaire, de beaucoup plus de temps que ne le permet le cadre réglementaire des contrats aidés ou des structures d'insertion par l'activité économique.

– Celles s'appuyant sur la réduction du temps de travail : quelle que soit son efficacité, il est certain qu'elle ne règle pas la question de l'accès à l'emploi de ceux qui en sont le plus éloignés et qui ne pourront s'intégrer immédiatement en entreprise ordinaire en ayant la *« productivité »* requise.

Par contre, il n'a jamais été expérimenté :

– de proposer aux chômeurs de longue durée des emplois en CDI répondant à des besoins non satisfaits, et financés par une réallocation des dépenses de gestion du chômage vers la prise en charge de salaires. Cela permettrait à terme aux personnes de se projeter vers l'emploi ordinaire lorsque des opportunités se présenteront.

– d'avoir une démarche d'exhaustivité en proposant un emploi à chaque chômeur de longue durée sur un territoire, seule manière de garantir que les plus éloignés de l'emploi ne soient pas laissés de côté.

72 *« S'il existait vraiment des travaux utiles à réaliser, le "marché" aurait déjà créé les emplois correspondants »*

► **Faux. Ce n'est pas parce que des travaux sont utiles qu'il existe une clientèle capable d'en payer le prix.**

C'est le cas par exemple :

– de l'aide à domicile aux personnes âgées dépendantes : nombre d'entre elles n'ont pas les moyens d'en prendre en charge le coût en totalité, malgré l'existence de l'Allocation personnalisée d'autonomie,

– des services de transport à la demande mis en place en milieu rural par certaines collectivités et qui permettent à des personnes sans moyens de locomotion ou trop âgées pour conduire de faire leurs courses, de se rendre chez le médecin, etc.

Si certains travaux utiles et non totalement solvables peuvent être réalisés grâce aux subventions publiques, nombreux sont ceux qui ne le sont pas, les budgets publics étant limités. Il suffit d'échanger avec les acteurs d'un territoire, habitants, élus, entreprises : tous ont des idées pour améliorer le bien-être des habitants et faciliter leur vie quotidienne, embellir le cadre de vie, améliorer l'efficacité des entreprises, mieux préserver l'environnement, etc.

Bien que le marché n'ait pas créé les emplois correspondants, ce ne sont donc pas les travaux utiles qui manquent. Un moyen de les financer serait une réallocation des dépenses de gestion du chômage vers la prise en charge de salaires.

Cela est particulièrement important dans un moment où le réchauffement climatique et l'épuisement des matières premières fossiles exigent de mettre le cap sur la transition écologique. Les besoins en la matière sont immenses.

Sur la santé

73 *« Avec la CMU, tout le monde a accès aux soins »*

▶ **Faux. Il faut continuer d'agir contre le non-recours et les refus de soins.**

Dans son rapport d'activité 2009, le Fonds CMU estimait que 29 % des bénéficiaires du RSA socle n'avaient pas accès à la couverture maladie universelle complémentaire (CMU-C). 70 % des personnes qui ont droit à l'aide à l'acquisition d'une complémentaire santé (ACS) n'en font pas la demande. Par ailleurs, 22 % des bénéficiaires de la CMU-C renoncent à des soins pour des raisons financières, alors qu'ils sont 15 % parmi les bénéficiaires d'une mutuelle privée.

En outre, lorsque l'on est pris en charge par la CMU, on peut être parfois confronté à des refus de soins de la part de certains professionnels de santé. Selon le Fonds CMU, un quart des médecins refusent des patients bénéficiaires de la CMU. Ce taux est plus élevé chez les dentistes (32 %), les ophtalmologues (31 %), généralistes et gynécologues de secteur 2 à honoraires libres : respectivement 33 % et 40 % [1].

---

1. Voir l'enquête du Fonds CMU, « Refus de soins : le testing 2009 », 2009.

Parmi les conséquences de ces inégalités face à la prévention et aux soins, on peut évaluer qu'à la fin des années 1990, un ouvrier ayant 35 ans vivra encore en moyenne 39 ans, un cadre 46 ans et un chômeur 28 ans. Ces inégalités d'espérance de vie sont croissantes en France [2].

2. Sur ces questions, voir Christian Monteil, Isabelle Robert-Bobée, « Les différences sociales de mortalité : en augmentation chez les hommes, stables chez les femmes », *Insee Première*. 2005.

Sur le placement des enfants

> *« Un instinct grossier excité par l'orgie... rapproche ces êtres dégradés par la misère ; et, trop souvent, leur progéniture porte en naissant la peine de leurs vices. C'est surtout pour ces malheureuses victimes de la fatalité que l'asile a été fondé. »*
>
> (Émile Depasse, maire de Lannion, en 1846)

74 *« Il vaut mieux placer les enfants pauvres »*

▶ **Faux. Pour un grand nombre d'enfants et de parents, le placement crée plus de ruptures que de réparations.**

On entend souvent dire que placer les enfants des familles en grande précarité leur permet de connaître une vie meilleure.

Il est évident qu'en cas avéré de maltraitance, il faut éloigner un enfant de sa famille. Mais une famille en grande précarité n'est pas nécessairement une famille maltraitante (voir l'idée reçue n° 26).

Les études montrent que les politiques qui parviennent à assurer le meilleur avenir aux enfants ne sont pas celles qui visent au placement immédiat, mais celles qui tentent de préserver la famille. Pierre Naves et

Bruno Cathala[1] insistent ainsi sur l'importance de rechercher avec les parents tout ce qui pourrait les soutenir dans leurs responsabilités : des soutiens éducatifs à la parentalité, mais aussi de meilleures conditions de vie économiques, culturelles et sociales. D'autant plus que le soutien à la famille coûte moins cher que la solution du placement.

« Six milliards d'euros sont dépensés chaque année de façon empirique, remarque la Cour des comptes, *sans que l'on cherche à contrôler les acteurs de la protection de l'enfance, ni à connaître l'efficacité de ces* interventions[2] ».

Plusieurs recherches font état des conséquences de placements en moyenne plus néfastes que bénéfiques. Selon Jean-Marie Firdion et Isabelle Parizot, *« des travaux conduits auprès de personnes placées ont mis en évidence que leurs résultats scolaires étaient faibles et qu'elles présentaient davantage de troubles psychologiques que les personnes non placées (de même origine sociale, même âge, etc.) Les personnes ayant été placées présentent ainsi une probabilité plus grande de connaître une période de vie sans domicile à l'âge adulte. Ces résultats ont été observés en France comme aux États-Unis*[3]. »

---

1. Voir le rapport de Pierre Naves, Bruno Cathala, Jean-Marie Deparis, *Accueils provisoires et placements d'enfants et d'adolescents : des décisions qui mettent à l'épreuve le système français de protection de l'enfance et de la famille*, Ministère de l'Emploi et de la Solidarité, 2000.
2. Rapport de la Cour des comptes *La protection de l'enfance*, octobre 2009.
3. Jean-Marie Firdion, Isabelle Parizot, « Le placement durant l'enfance et le risque d'exposition aux violences à l'âge adulte »,

La difficulté, précisent les deux chercheurs, est de distinguer les effets du placement de ceux des causes qui l'ont justifié. Ils fournissent aussi un élément de réponse en montrant qu'avoir été placé durant l'enfance accroît la probabilité d'être exposé à des violences une fois adulte, toutes choses égales par ailleurs, y compris les conditions de pauvreté rencontrées dans l'enfance qui sont liées aux causes du placement.

En France, la loi précise que la décision de placement doit être prise lorsque aucune autre solution n'est envisageable et que les parents doivent être accompagnés afin d'envisager un retour de l'enfant, si la situation de la famille et ses conditions de vie s'améliorent. La loi impose ainsi à l'Aide sociale à l'enfance, dès qu'elle accueille un enfant, de préparer son retour en soutenant le lien de l'enfant avec ses parents. Car, pour se construire psychiquement, un enfant a besoin de connaître ses vraies racines[4].

La Cour européenne des droits de l'homme à Strasbourg a d'ailleurs condamné plusieurs fois des États pour avoir pris des décisions abusives de placement ou n'avoir pas mis en œuvre, lorsque le placement était justifié, les conditions respectant le droit des parents et des enfants à une vie familiale.

Violences et santé en France. État des lieux, Paris, La Documentation française, 2010.

4. Dans son « Avis sur les placements d'enfants et le respect du droit de vivre en famille en France » de juin 2013, la Commission nationale consultative des droits de l'Homme (CNCDH) constate que la France est un des pays d'Europe où le taux de placement est le plus élevé. Elle analyse la mise en œuvre des lois concernant la protection de l'enfance et fait des recommandations pour l'améliorer.

On peut en particulier consulter les arrêts de la Cour *« Olsson contre Suède »*, *« Mac Michael contre Royaume-Uni »*, *« Wallova et Walla contre République tchèque »*, *« Eriksson contre Suède »*, *« Kützner contre Allemagne »*, *« Hasse contre Allemagne »*, *« A. D. et O. D. contre Royaume-Uni »*, *« Moser contre Autriche »*. Ces arrêts peuvent être réutilisés par des juges français pour des affaires semblables [5].

---

5. Ils sont disponibles sur le site www.atd-quartmonde.fr. On peut aussi se référer au livre de Marie-Cécile Renoux, *Réussir la protection de l'enfance*, Ivry-sur-Seine, Les Éditions de l'Atelier/Éditions Quart Monde, 2008.

Sur l'école

75 *« La France dépense déjà beaucoup pour l'éducation de ses enfants »*

▶ **Faux. Elle se situe dans la moyenne des pays industrialisés.**

La Cour des comptes explique que *« Les statistiques de l'OCDE montrent qu'en consacrant environ 3,9 % de son produit intérieur brut (PIB) à ses établissements d'enseignement au niveau primaire et secondaire, la France se situe aujourd'hui globalement dans la moyenne des États membres : elle dépense moins que les États-Unis, le Royaume-Uni, la Suisse, le Danemark, la Corée, la Suède, ou la Belgique. Par ailleurs, la part du PIB français affectée aux enseignements primaire et secondaire a diminué pendant la période récente, en passant de 4,5 % en 1995 à 4,3 % en 2000, puis à 3,9 % en 2006. En 2006, parmi les pays produisant des statistiques dans le cadre de l'OCDE, la France était, en cumulant les dépenses publiques et privées, au 11e rang pour le financement de l'ensemble de l'enseignement scolaire tant public que privé, alors qu'en 1995, elle occupait le 2e rang*[1]. »

---

1. Rapport *L'éducation nationale face à l'objectif de la réussite de tous les élèves*, mai 2010.

La Cour des Comptes ajoute par ailleurs : *« Si l'on additionne les dépenses par élève sur la durée théorique de l'enseignement scolaire, la France dépense 92 439 $ sur 12 ans, alors que, par exemple, l'Italie dépense 106 531 $ sur 13 ans, le Royaume-Uni 103 352 $ sur 12,5 ans, ou l'Allemagne 88 729 $ sur 13 ans : la moyenne de l'OCDE se situe à 93 755 $ sur 12,4 ans, c'est-à-dire juste au-dessus de la France. Ces données permettent d'observer que certains pays qui obtiennent des résultats très élevés aux tests internationaux des enquêtes PISA*[2] *(Finlande, Japon...) figurent parmi les pays les moins coûteux, alors que d'autres pays ont des systèmes scolaires coûteux pour des résultats médiocres (États-Unis, par exemple). »*

76 *« Le rôle de l'école n'est pas de régler les inégalités sociales »*

► **Non. Mais elle a aussi une mission d'intégration et de socialisation.**

L'exclusion sociale a des causes et des dimensions multiples, et l'éducation ne peut pas en atténuer seule l'impact, surtout à court terme. Mais l'étude PISA 2009 montre que certains pays réussissent mieux que d'autres à atténuer l'impact des inégalités sociales sur la réussite scolaire.

Le Conseil économique, social et environnemental écrit : *« Dans les sociétés modernes, l'école s'est généra-*

---

2. Programme international pour le suivi des acquis des élèves, enquêtes menées régulièrement par l'OCDE.

lement vue assigner trois grands objectifs : la transmission des savoirs ; l'éducation des individus en vue de leur socialisation (enjeu fondamental pour la collectivité) ; la sélection des élèves comme base de leur distribution dans la hiérarchie professionnelle, et implicitement dans la hiérarchie sociale. La manière dont ces trois missions sont articulées, l'importance respective qui leur est donnée ne sont pas sans effet sur l'agencement des inégalités scolaires et des inégalités sociales. En France, le processus de sélection a continué à s'appuyer sur des méthodes d'apprentissage impersonnelles, cloisonnées dans les disciplines et privilégiant l'abstraction. La mission éducative et intégratrice de la scolarité est ainsi passée largement au second plan[3]. »

77 *« Pour lutter contre l'absentéisme scolaire, il faut responsabiliser les parents »*

▶ **Pas si simple. Il faut un ensemble de mesures qui soutiennent les parents et les éducateurs dans leur travail auprès des élèves.**

La loi du 28 septembre 2010 sur l'absentéisme scolaire (dite loi Ciotti, abrogée en janvier 2013) avait instauré la suppression des allocations familiales en cas d'absentéisme d'un enfant à l'école. Mais l'absentéisme scolaire n'a pas de cause unique et n'est pas de la seule responsabilité des parents. Le Conseil national des politiques de lutte contre la pauvreté et l'exclusion sociale (CNLE) a considéré cette loi inadaptée, injuste, ineffi-

---

3. Xavier Nau, *Les Inégalités à l'école, op. cit.*

cace et affectant d'abord les familles les plus en difficulté. Les mesures financières visant à sanctionner les parents concernés par l'absentéisme scolaire sont forcément stigmatisantes et ne peuvent que provoquer ou renforcer l'isolement et la fragilité de ces familles, a-t-il estimé dans un communiqué du 9 juin 2010. Tout en soutenant l'exigence d'un équilibre des droits et devoirs, et d'une responsabilisation des parents, il préfère la notion de *« contrat »* passé avec la famille d'un élève absentéiste, prévoyant qu'en cas de persistance du défaut d'assiduité d'un élève, le directeur de l'établissement doit réunir les membres de la communauté éducative afin de proposer aux personnes responsables de l'enfant un accompagnement adapté, avec un suivi assuré par l'un des enseignants.

78 *« L'école corrige les inégalités sociales »*

Malheureusement non. Actuellement, elle les renforce au contraire.

En France, l'impact du milieu social sur la réussite ou l'échec scolaire est plus grand que dans d'autres pays, et il augmente au fil des années. En 2009, plus de 75 % des élèves dont les parents sont cadres ou professions intellectuelles ont obtenu le bac général, contre 33 % pour les enfants d'ouvriers et 41 % des enfants d'inactifs ; le pourcentage de variation de performance des élèves en lecture, expliqué par le milieu socio-économique, est de 17 % pour la France, au-dessus de la moyenne de l'OCDE (14 %), le double de la Finlande, du Canada ou du Japon[4].

79 *« La mixité sociale nuit à la réussite scolaire »*

Pas si simple. Avec la mixité sociale à l'école, les plus forts « perdent » un peu et les plus faibles « gagnent » deux fois plus. Au total, n'y gagne-t-on pas tous ?

Reprenant un constat de l'étude PISA 2009, le CESE observe que *« des territoires moins clivés socialement dans lesquels la mixité sociale continue d'exister dans les écoles et les collèges obtiennent, en moyenne, une meilleure réussite de leurs élèves* [que dans les établissements où sont concentrés des élèves issus de milieux défavorisés][5]. »

La sociologue Marie Duru-Bellat constate que *« la fréquentation d'une classe hétérogène a des effets diversifiés selon le niveau initial des élèves : les plus faibles y "gagnent", alors qu'à l'inverse, les plus forts y "perdent". Mais ce que gagnent les faibles est environ deux fois plus important que ce que perdent les forts. Par conséquent, les environnements scolaires vont être d'autant plus vecteurs d'inégalités qu'ils sont ségrégués (forts ou faibles)*[6]. » Si

---

4. *Ibid.*
5. *Ibid.*, p. 12.
6. Sur www.inegalites.fr/spip.php ?article235 (consulté en mai 2013).

l'on faisait ce genre d'étude dans des établissements qui mettent en œuvre des pédagogies reposant davantage sur la coopération entre élèves, on mesurerait peut-être que les plus forts y *« gagnent »* aussi.

80 *« Un enfant scolarisé en ZEP coûte cher »*

▶ **Faux.**

Dans son rapport sur les inégalités à l'école, le CESE insiste sur *« l'éducation prioritaire* [qui] *apparaît comme le dispositif charnière auquel il serait dangereux de renoncer. Avec des moyens renforcés et concentrés, elle doit être clairement mise en phase avec la politique de la ville. »*

Dans son Avis sur ce même thème, le CESE regrette que *« lorsque les dotations en postes et en heures des établissements sont converties en euros, il apparaît que certains établissements relevant de l'éducation prioritaire apparaissent moins bien traités, que d'autres qui n'y sont pas éligibles. »*

L'Avis précise aussi que *« l'efficacité de la politique d'éducation prioritaire ne peut être envisagée en dehors d'une articulation cohérente avec la carte scolaire. Or, le contournement aujourd'hui massif de cette dernière, encouragé par son assouplissement récent, déstabilise nombre d'établissements situés dans les quartiers populaires où la mixité sociale est faible, sapant ainsi les efforts éducatifs consentis par ailleurs en leur faveur. »*

De manière générale, la comparaison des budgets consacrés par l'État à l'éducation montre des inégalités anormales par territoire. Alors que la dépense moyenne par élève est de 6 042 euros par an dans l'académie de Créteil (Seine-Saint-Denis) en 2010, elle s'élève à 7 643 euros dans l'académie de Paris[7].

81 *« On ne peut pas réduire indéfiniment la taille des classes »*

► **Bien sûr. Mais la réduire un peu a déjà un effet sensible sur la réussite scolaire.**

En 2004, l'économiste Thomas Piketty a montré[8] que la réduction de la taille des classes avait un effet réel sur les résultats scolaires, quelle qu'en soit l'ampleur, et ce d'autant plus que les élèves concernés sont issus de milieu défavorisé. Il a centré son étude sur les classes de CP et le CE1. Il n'y a pas besoin d'une baisse drastique des effectifs dans les classes pour observer des résultats positifs et combattre les inégalités. Donc, même à budget de l'Éducation nationale constant, une légère réduction de la taille des classes dans les établissements défavorisés aurait un effet sensible sur les résultats, tandis qu'une légère augmentation des effectifs dans les autres écoles ne les pénaliserait pas.

---

7. Marie Caroline Missir, « Éducation : des écarts de 2 000 euros par élève d'une académie à l'autre », *L'Express*, 17 avril 2012.
8. Thomas Piketty, « L'impact de la taille des classes et de la ségrégation sociale sur la réussite scolaire dans les écoles françaises », EHESS, 2004.

82 *« Les élèves en difficulté doivent pouvoir aller vers l'enseignement professionnel le plus tôt possible »*

▶ **Non. L'orientation doit attendre la fin du collège et être vraiment choisie.**

Dans son rapport de 2008 sur l'orientation scolaire, le Haut conseil de l'éducation constate que *« dans le système éducatif français, les savoirs abstraits et l'intelligence déductive dominent, les catégories sociales les moins favorisées sont sous-représentées dans les séries prestigieuses, et le potentiel des élèves est évalué de manière imparfaite : les élèves qui réussissent mal se retrouvent relégués dans des voies de formation déconsidérées ; pire encore, ils font partie des 120 000 jeunes qui sortent chaque année sans diplôme du secondaire. »*

En France, l'Éducation nationale s'est efforcée depuis les années 1950 (en particulier avec la création du collège unique en 1975) de repousser le choix de l'orientation à la fin du collège, afin qu'il soit plus réfléchi et moins facteur d'inégalités, en assurant à chaque élève un *« socle commun constitué d'un ensemble de connaissances et de compétences qu'il est indispensable de maîtriser pour accomplir avec succès sa scolarité, poursuivre sa formation, construire son avenir personnel et professionnel et réussir sa vie en société »* (loi d'orientation sur l'école de 2005).

Ainsi, à la fin des années 1980, 90 % des élèves allaient jusqu'en troisième contre seulement 70 % au début de la décennie.

« Il est essentiel que tous les jeunes possèdent les savoirs de base du primaire et les connaissances qui font "le socle commun" du collège », affirme le CESE dans son Avis sur les inégalités à l'école.

« C'est leur avenir professionnel qui en dépend. Des connaissances et des compétences de base mal maîtrisées seront des obstacles difficiles à surmonter dans la poursuite de leur formation, que celle-ci soit générale ou technique...

Une attention particulière mérite aussi d'être portée à la question de l'orientation de fin de troisième. Cette orientation doit devenir positive... Il faut également continuer à lutter contre les représentations négatives ou stéréotypées des formations manuelles, qui induisent souvent un sentiment d'orientation par l'échec, avec un risque fort de démotivation pour les jeunes concernés.

Enfin, il serait souhaitable de mettre fin à l'orientation couperet en permettant aux jeunes de faire des choix réversibles, grâce à des passerelles entre les spécialités et entre les voies de formation. »

Le Haut conseil de l'éducation insiste lui aussi pour que *« l'orientation ne soit pas trop précoce ni trop définitive, par exemple en facilitant les changements de parcours pendant la scolarité ; il faut aussi que le diplôme initial ne pèse pas trop lourdement sur l'avenir. La formation tout au long de la vie peut y contribuer, à condition que les moins qualifiés accèdent davantage aux dispositifs de formation continue : elle ne doit pas bénéficier seulement à ceux qui ont le mieux réussi dans la formation initiale. »*

83 *« Les grandes écoles sont ouvertes aux milieux défavorisés »*

▶ **Faux. Il ne s'agit que d'une timide ouverture qui ne change rien par ailleurs.**

Louis Maurin, fondateur de l'Observatoire des inégalités, écrit dans le magazine *Alternatives économiques*, en janvier 2006 : *« Face aux critiques concernant l'étroitesse de leur recrutement en termes d'origine sociale, les grandes écoles ont trouvé la parade : elles veulent intégrer une partie des meilleurs élèves issus des quartiers les plus défavorisés, via une discrimination positive à leur égard. Avec comme modèle les conventions signées entre l'Institut d'études politiques de Paris et quelques lycées situés dans les zones d'éducation prioritaires. Ce type de politique a le mérite de reconnaître que le système actuel ne profite qu'aux plus favorisés. Mais il permet aussi d'éviter des réformes plus profondes. Notamment une réforme des concours d'entrée, qui privilégient à outrance la culture des élites dominantes : les grandes écoles ne sont pas seulement inaccessibles à une minorité des cités, mais aussi à l'immense majorité des enfants des catégories populaires et moyennes. Cette pratique évite aussi, plus largement, de se pencher sur une réforme de l'enseignement supérieur qui rétablirait l'égalité entre les moyens accordés à l'université et ceux des grandes écoles, deux fois mieux dotées financièrement par élève. »*

Pour ce qui est de la politique des *« internats d'excellence »* développée ces dernières années, le Conseil économique, social et environnemental écrit dans son rapport *Les Inégalités à l'école*[9] : « *La communication autour d'une politique de création d'internats dits d'excellence destinés aux meilleurs élèves issus des milieux défavorisés et des quartiers sensibles – du moins dans la présentation qui en a été faite jusqu'à présent – contribue aussi à cette impression d'une politique qui conduirait à vider l'école des quartiers dits « sensibles » de sa substance et à renoncer ainsi à toute ambition éducative pour des secteurs entiers des grandes agglomérations.* »

9. P. 88.

Sur le logement

84 *« Le Droit au logement opposable (Dalo) est inefficace »*

▶ **Faux. Il se heurte en Île-de-France à une multitude d'obstacles, mais qui sont en voie de résolution.**

La loi Dalo de 2008 a, entre autres, permis aux préfets de reprendre le contrôle de leurs droits de réservation de 25 % des logements HLM libérés chaque année.

C'est un grand progrès, car ces droits de réservation étaient très peu identifiés auparavant.

Fin 2013, on compte en France 69 338 demandeurs Dalo qui ont été relogés. Pour ce qui est de l'hébergement, 7 321 personnes ont été hébergées après avoir fait un recours Dalo.

Au total, 76 659 personnes ont été relogées ou hébergées après avoir fait un recours Dalo.

Pour l'Île-de-France, ce sont 29 417 relogements et 3 687 hébergements qui ont été effectués entre 2008 et fin 2012 après un recours Dalo [1].

1. Cf. Comité de suivi Dalo.

85 « En période de crise, il est normal que l'État réduise l'aide au logement social »

▶ Faux. C'est la réalité, mais c'est un mauvais calcul.

Tout d'abord parce qu'en contrepartie, l'ensemble des crédits que l'État consacre à la politique d'hébergement d'urgence peut être estimé à 1,5 milliard d'euros chaque année [2].

Ensuite parce que l'absence de logement stable provoque chez une famille des ruptures durables dans l'emploi, la santé, la scolarité... qui auront des conséquences graves et des coûts élevés pour la collectivité.

Le niveau de la production a progressé régulièrement jusqu'en 2007 mais s'est effondré depuis : seulement 333 000 logements ont été commencés en 2009 (contre 435 000 en 2007).

De plus, la progression des logements sociaux ces dernières années tient surtout à l'augmentation de logements accessibles seulement aux classes moyennes : le nombre de logements PLS (prêt locatif social) a été multiplié par 10 entre 2000 et 2010, alors que les logements accessibles aux familles les plus modestes augmentent bien plus faiblement : le nombre de PLAI (prêt locatif aidé d'intégration) a été multiplié seulement par deux sur la même période [3].

---

2. Voir le rapport de la Cour des comptes de novembre 2011 sur « La politique publique de l'hébergement des personnes sans domicile ».
3. Voir le rapport *Mal logement 2011* de la Fondation Abbé Pierre.

86 *« Les logements sociaux devraient être attribués en priorité aux gens qui travaillent »*

▶ **Faux. Toute personne a besoin et a le droit d'être logée, qu'elle soit détentrice d'un emploi ou pas.**

L'absence d'un toit crée des cassures profondes dans la vie d'un individu ou d'une famille, qu'il est ensuite très coûteux (moralement et financièrement) de réparer, tant pour les personnes concernées que pour la société. L'impératif de solidarité nationale exige que chacun, qu'il ait ou non un emploi, puisse disposer d'un logement adapté à ses ressources. Le droit à un logement digne est reconnu pour tous les citoyens en France.

87 *« Avec les démolitions-reconstructions, on remet de la mixité sociale dans les quartiers »*

▶ **Malheureusement non.**

En 2009, l'étude *« Opérations de démolition reconstruction des cités HLM en France »* réalisée à l'initiative d'ATD Quart Monde[4] a montré que l'Agence nationale pour la rénovation urbaine (ANRU) disposait d'outils insuffisants pour suivre l'évolution de la typologie des logements dans les opérations de démolition-reconstruction – en particulier pour les ménages aux revenus les plus modestes.

---

4. Disponible sur www.atd-quartmonde.fr/Operations-de-demolition-et.html (consulté en mai 2013).

La Cour des comptes[5] présente des recommandations pour que les programmes de rénovation urbaine soient plus efficaces, constatant que, dix ans après le lancement de ces programmes, les écarts de développement entre les quartiers prioritaires et les villes environnantes ne se sont pas réduits.

Le sociologue Renaud Epstein écrit : *« En dépit de la mobilisation de ressources colossales pour la rénovation urbaine et des transformations visibles que celle-ci a produites, les résultats ne sont pas au rendez-vous. Les opérations de rénovation urbaine n'ont eu qu'un effet limité en termes de mixité fonctionnelle et elles ne sont pas parvenues à rétablir la mixité sociale désirée, qu'on l'apprécie à l'échelle des quartiers, où la démolition-reconstruction a produit de la fragmentation résidentielle et de la ségrégation sociale, ou à l'échelle des agglomérations, où les écarts entre les quartiers prioritaires et leur environnement renseignés par l'ONZUS[6] ont été en s'accroissant depuis 2003[7]. »* Les émeutes urbaines de 2005 n'ont pas épargné les quartiers en rénovation urbaine, puisque *« plus de 85 % des villes signataires des premières conventions ANRU (signées avant juillet 2005) ont connu des émeutes.* [...] *Au lieu d'aboutir à la dispersion intercommunale du logement social et des pauvres, les opérations de rénovation urbaine ont conduit à la re-concentration des ménages les plus défavorisés dans quel-*

---

5. Voir le rapport de juillet 2012, « La Politique de la ville, une décennie de réformes ».

6. Observatoire national des zones urbaines sensibles.

7. Renaud Epstein « ANRU : Mission accomplie ? » in Jacques Donzelot (sous la coordination de), *À quoi sert la rénovation urbaine ?*, Paris, PUF, 2012.

ques îlots et immeubles où demeurait une offre de grands logements et/ou de logements à bas loyers. Les effets sociaux des opérations de rénovation urbaine apparaissent d'autant plus limités que celles-ci n'ont pas été conduites de manière participative.

[...] *Rares sont les villes dans lesquelles cette opportunité a été saisie, alors même que tous les projets de rénovation urbaine intègrent des actions dites de "concertation".* »

88 « On donne déjà beaucoup aux banlieues »

Faux. Les crédits de la politique de la ville sont parfois plus généreux en milieu rural qu'en milieu urbain.

La Cour des comptes dénonce le fait que « *certains grands départements urbains particulièrement concernés par la politique de la ville présentent ainsi des ratios* [des crédits d'intervention de la politique de la ville rapportés au nombre d'habitants] *très inférieurs à la moyenne nationale (Seine-Saint-Denis, Val-de-Marne, Bouches-du-Rhône, notamment), alors que de nombreux départements ruraux ou semi-ruraux ont pour leur part des ratios très supérieurs au ratio moyen*[8] ».

La Cour des comptes recommande de réduire le « *saupoudrage* » des crédits et de concentrer davantage les interventions sur les territoires les plus en difficulté – en ville comme en milieu rural – afin d'accroître l'efficacité des programmes de la politique de la ville.

8. Rapport de juillet 2012, *op. cit.*

Bibliographie

Fondation Abbé Pierre, 18e rapport annuel, 2013.

François Bourguignon, *La mondialisation de la pauvreté*, Paris, Le Seuil, 2012.

Xavier Chojnicki, Lionel Ragot, *On entend dire que l'immigration coûte cher à la France. Qu'en disent les économistes ?*, Paris, Les Échos/Eyrolles, 2012.

Conseil national du bien-être social canadien, « Le sens des sous pour résoudre la pauvreté », *Rapports du Conseil national du bien-être social*, volume 130, novembre 2011.

Cour des comptes, « La politique de la ville. Une décennie de réformes », rapport de juillet 2012.

Esther Duflo, Abhijit V. Banerjee, *Repenser la pauvreté*, Paris, Le Seuil, 2012.

Jean Gadrey, *En finir avec les inégalités*, Paris, Mango, 2006.

Xavier Godinot (sous la dir.), *Éradiquer la misère. Démocratie, mondialisation et droits de l'Homme*, Paris, PUF, 2008.

Benjamin Grivaux, *Salauds de pauvres !*, Paris, Fayard, 2012.

Groupes de recherche Quart Monde-Université et Quart Monde Partenaires, *Le Croisement des savoirs et des pratiques*, Ivry-sur-Seine, ATD Quart Monde/Les Éditions de l'Atelier, 2009.

Mission régionale d'information sur l'exclusion (MRIE), dossier annuel 2011.

Mission régionale d'information sur l'exclusion (MRIE), « Pauvretés, précarités, exclusions », *Les dossiers de la MRIE*, dossier annuel 2012.

Observatoire national de la pauvreté et de l'exclusion sociale (Onpes), *Repenser l'assistance pour en sortir*, rapport 2012-2013 de l'ONPES, avril 2013.

Odenore, *L'envers de la « fraude sociale ». Le scandale du non-recours aux droits sociaux*, Paris, La Découverte, 2012.

Petit guide de survie. Répondre aux préjugés sur les migrations, Paris, Ritimo, 2013.

Rapport du Haut Conseil de l'éducation, *L'échec scolaire croît*, 2012.

Romeurope, *Ceux qu'on appelle « les Roms » : Luttons contre les idées reçues*, 2013.

Jona M. Rosenfeld, Bruno Tardieu, *Artisans de démocratie, de l'impasse à la réciprocité*, Paris, Les Éditions de l'Atelier, 1998.

Amartya Sen, *Repenser l'inégalité*, Paris, Le Seuil, 2000.

Joseph Stiglitz, *Le prix de l'inégalité*, Paris, Les Liens qui libèrent, 2012.

Anna Pitoun, Valérie Mitteaux, *Des poules et des grosses voitures*, documentaire, URAVIF, 2013.

Glossaire

CESE : Conseil économique, social et environnemental.

CNCDH : Commission nationale consultative des droits de l'Homme.

CNLE : Conseil national des politiques de lutte contre la pauvreté et l'exclusion sociale.

Halde : Haute autorité de lutte contre les discriminations et pour l'égalité.

Insee : Institut national de la statistique et des études économiques.

MRIE : Mission régionale d'information sur l'exclusion.

OCDE : Organisation de coopération et de développement économiques.

Onpes : Observatoire national de la pauvreté et de l'exclusion sociale.

PISA : Programme international pour le suivi des acquis des élèves.

RSA : Revenu de solidarité active.

Index

Amis lecteurs,

vous entendez de nouvelles idées fausses
sur les pauvres et la pauvreté.

Envoyez-les nous à
ideesrecues@atd-quartmonde.org
ou à
ATD Quart Monde
Idées reçues
12, rue Pasteur
95480 Pierrelaye

et dites-nous comment vous faites pour y résister.

Nous aurons ainsi la possibilité de faire figurer
vos réponses sur les sites internet
des Éditions Quart Monde
(**www.editionsquartmonde.org**)
et des Éditions de l'Atelier
(**www.editionsatelier.com**).

Nous en tiendrons compte
lors des prochaines éditions de ce livre.

Merci par avance pour votre précieuse collaboration.

Mise en page : Le vent se lève...

Achevé d'imprimer sur les presses
de Corlet Imprimeur 14110 Condé-sur-Noireau
N° d'éditeur : 6382 - N° fab.: 6603 - N° d'imprimeur : 161475
Dépôt légal : janvier 2014

Imprimé en France